普 天 之 下 ・ 盡 是 好 書

普天出版家族 Popular Press Family

凌雲 文創 A-Plus Creative Company

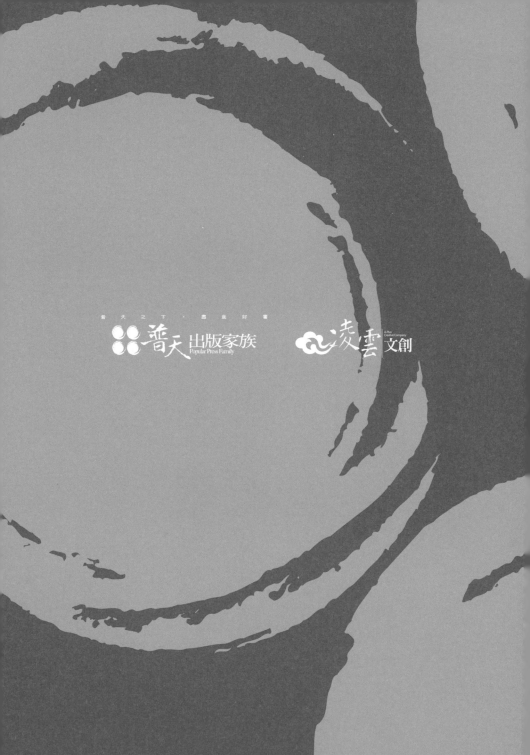

全新增訂本

要做好人，先學會做個聰明人

別讓善良變成你的致命傷

Be good, learn to be smart

赫胥黎曾經寫道：

人 生 最 大 的 悲 哀 ， 就 是 純 真 的 想 法 ，

往 往 被 醜 陋 的 事 實 所 扼 殺 。

心思單純、善良的人固然最受歡迎，但也最容易被人坑騙。在人生叢林裡，如果你不想老是成為別人算計的對象，那麼，除了擁有好人的純真之餘，更須具備小人的深沉。
想要做好人，先學會做個聰明人，做人做事要是沒有一點防人之心，把自己的心思全部攤在陽光下，結果自然只會讓自己一再被坑、被騙。

公孫龍策

【出版序】

要做好人，先做聰明人

●公孫龍策

想在這個爾虞我詐的現實社會中立足生存，千萬不要讓自己的善良厚道淪為別人的可以趁機利用的弱項。做人要留些心眼，具備一點防人的心機。

英國作家赫胥黎曾經寫道：「人生最大的悲哀，就是純真的想法，往往被醜陋的事實所扼殺。」

心思單純、善良的人固然最受歡迎，但也最容易被人坑騙。在人生叢林裡，如果你不想老是成爲別人算計的對象，那麼，除了擁有好人的純眞之餘，更須具備小人的深沉。

想要做好人，要先學會做個聰明人，千萬別讓善良變成自己的致命傷。

阿桑是個伊朗人，爲人開朗厚道且樂於助人，由於頗有積蓄，所以經常有人想向他借錢。

這天，有位經營服飾業的朋友來訪，阿桑熱情地招待。但過了一會兒，友人卻愁眉苦臉了起來，阿桑便問：「加伊啊，你怎麼滿臉愁容啊？」

加伊嘆了口氣說：「唉，現在生意難做啊！像現在，明明有一個現成的生意，可我卻沒有本錢投資。」

阿桑關心地問：「喔，那你缺多少錢？」

加伊說：「如果有二千金幣就夠了，我說阿桑，你能不能幫幫我啊？」

重情義的阿桑二話不說，立即說：「沒問題。」

於是，兩個人立即寫下了借據，加伊感動地說完謝意與歸還日期後，拿著錢便離開了。

過了幾天，阿桑的妻子問起了這件借錢之事，並向阿桑要借據來看看，誰知阿桑竟將借據給弄丟了。

「啊！借據不見了。」阿桑緊張地向妻子說。

這時，妻子連忙提醒他：「沒有了借據，加伊恐怕會把錢賴掉啊！」

著急的阿桑一聽，立即去找友人納斯丁想辦法，納斯丁追問：「你們簽寫借據時，有沒有其他人在場？」

阿桑搖了搖頭：「沒有啊，就只有我們兩個人。」

「那期限多久？」納斯丁又問。

只見阿桑伸出一個食指說：「一年。」

納斯丁想了一會兒，忽然說：「有了，你馬上寫封信給他，並催促他儘快還你二千五百金幣。」

但是，老實的阿桑卻說：「不對啊！我只借他二千金幣。」

納斯丁笑著說：「你這麼寫就是了，因爲他一定會回信提醒你，他只向你借『二千金幣』啊！」

阿桑明白地點點頭，立即寫信，果然三天後，加伊回信寫道：「我只向你借二千金幣！而且當時言明一年後才還，你別擔心，我一定會還給你的。」

而這封回信，便成了阿桑新的「借款證明」。

作家史密特曾寫道：「想要當好人之前，必須先知道如何當個聰明人。」

確實如此，做人做事應該具備一些智慧，才不會總是讓自己受到傷害。

日常生活中，我們一定會與麻煩相遇，也一定會和困難過招。處於對自己不利的情勢，或是局面陷入被動時，就必須巧妙出擊，搶得主導權，如此才能避免自己受到傷害。

一個小小的變通，讓老實的阿桑重新得到一份借款證明，也讓原本可能失去的財富，再又失而復得。

斯賓諾莎曾說：「在人生的戰場上，被暗地算計的好人，往往是不懂得小人最有力的武器——卑鄙和奸詐。」

許多人在人生的旅程中遭遇失敗，並不是因爲能力不足，或是時運不濟，而是心思過於單純，一味相信周遭的人都和自己一樣純眞善良，結果自然是一再被坑、被騙，而且不知覺醒。

做人做事要是沒有一點防人之心，把自己的心思全部攤在陽光下，結果自然只會讓自己一再被坑、被騙。

想在這個爾虞我詐的現實社會中立足生存，千萬不要讓自己的善良厚道淪爲別人的可以趁機利用的弱項。做人要留些心眼，用純眞的態度待人接物之時，還必須具備一點防人的心機，才不會讓「善良」成爲自己的致命傷。

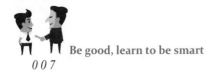

PART 1 不要讓對方有推諉的機會

導引對方將心比心，如此一來，便能技巧地讓對方無從推諉，也就輕鬆地將問題解決了。

PART 2

適時退讓可以抑制對方的鋒芒

以自嘲的方式，讓自己從尷尬中站起來，或是以卑微的態度，減少對手的敵意，這些都是「以退為進」最常用的成功方法。

PART 3

腦袋靈活，才不會被牽著鼻子走

只要讓自己快速學會對付小人，你就能在小人欺負你時，知道如何見招拆招，反過來牽著對方的鼻子走！

PART 4

用點腦筋，就能擺脫小人糾纏

日常生活中，每個人或多或少都有不能避免的人情壓力和煩人瑣事，為了擺脫糾纏，不動動腦袋想計謀是不行的。

PART 5

懂得察言觀色，就不必巧言令色

善於利用語言，並不是代表做人就要巧言令色，而是要提高與人和諧相處、完善溝通的能力。

PART 6

提升應變能力，才能逢凶化吉

現實生活裡，任何事都可能發生，許多人習慣以硬碰硬，或以強制的手法來解決事情，其實，這種方法只會讓事情變得更加棘手而已。

PART7

不知明哲保身，就會遺憾終身

選擇明哲保身才是良策。一旦參與了過多的口舌之爭，我們很快地也會成為一個搬弄是非之人，並深陷是非的囚牢中。

PART 8

用另類的方式改變對方的態度

溝通，並不是一味強迫對方接受自己的想法，也不是一味屈躬卑膝試圖改變對方自以為是的態度，而是以恰當的方式找出彼此的折衷點。

01

不要讓對方有推諉的機會

導引對方將心比心，如此一來，便能技巧地讓對方無從推諉，也就輕鬆地將問題解決了。

老實說出自己的企圖

人生不可能完全盡如人意，與其要事情為你而改變，不如試著改變自己去不想要的狀況。

法國文豪巴爾札克在《高老頭》一書中曾經諷刺地說：「也許人的天性，就喜歡教那些為了謙卑，為了懦弱，或者為了滿不在乎忍受一切的人，去忍受不合理的一切。」

千萬不要讓善良變成你的致命傷，當你遇見不合理的差別待遇，又遲遲無法獲得改善時，大可不必一味要求自己忍氣吞聲。有時，不妨老實地直接說出你的「惡毒」企圖，如此一來，事情就會出現重大的改變。

一戶人家請客，席間，主人看某個不請自來的客人特別不順眼，故意在桌面上少擺一雙筷子，希望這名客人能夠主動知難而退。

豈知，不知道這名客人是真笨還是裝傻，完全沒有察覺出自己所受到的不公平待遇，依舊大剌剌地坐在位子上，一點要走的意思都沒有。

酒菜上桌之後，眾賓客紛紛舉起筷子準備夾菜，這個沒筷子的客人只能獨自在一旁袖手旁觀。

儘管他一再向僕人交代補雙筷子過來，訓練有素的僕人都故意視而不見，置之不理。到最後，客人別無他法，只好站起來，大聲地對主人說：「請您給我清水一碗！」

主人詫異地問：「桌上有酒，你要水幹什麼？」

「我要用水把手洗乾淨，好伸手抓菜吃。」

你說，這名主人接著送上來的會是清水還是筷子呢？

詩人白朗寧曾經說過：「一個人成功與否，並不在於如何循規蹈矩，而在於是否能在關鍵時刻用些心機。」

既然沒有筷子，我們就應該要採取不用筷子的辦法。

如果這名客人堅持要一雙筷子，也許最後他什麼也得不到；由於他安於自己目前的處境，退而求其次，反而得到了他應得的一切。不要懷疑，這就是人生的奧妙。

做人不要太善良，如果想要的你得不到，那就靜下心來，看看你現在可以得到的是什麼。

人生不可能完全盡如人意，與其要事情爲你而改變，不如試著去改變自己不想要的狀況。

與人相處，必須帶有堅持

對任何事情，都要有一定的堅持。「軟弱的人格」較容易招來失敗，因為這種人放棄了自己存在的價值，也容易失去信心。

人的性格，大致可分爲「強硬」與「軟弱」兩種型態，這兩種類型的人也容易因爲互補而湊在一起。但是，完全以「強硬」或「軟弱」的方式來處理人際間的交往，都不是好現象。

個性強的人，通常以自我爲中心，雖然認同他人的意見，卻不代表會因此改變自己的看法和堅持；個性弱的人，則完全以迎合他人意見、維持和諧氣氛爲主，相對的也容易失去自己的聲音。

有一次，俄國鋼琴家魯賓斯坦舉行個人音樂會，由於受到大家的喜愛，門票很早就賣光了。

就在演出即將開始時，助理爲難地告訴魯賓斯坦，一位貴族太太堅持要見他，魯賓斯坦只好答應先見她一面。貴族太太一見到魯賓斯坦便端起架子，一臉傲氣地「告訴」他，要他幫自己弄張門票來，即使魯賓斯坦向她解釋門票已經售光了也無濟於事。她仗著貴族的身分，認爲自己應該享有平民沒有的特權，因此堅持要魯賓斯坦幫她拿到票。

魯賓斯坦雖然很無奈，還是很有禮貌地回答說：「夫人，現在只剩下一個座位。如果您願意的話，我非常願意奉送給您。」

貴族太太一聽喜出望外，以貴族傲視平民的態度說：「謝謝你，但是，我要坐在前面，我想這應該不會有問題吧。」

「是的，我這個座位是在前面，而且是在最前面。」魯賓斯坦用手指著舞台說：「就在舞台上，鋼琴那裡！」

貝多芬二十二歲那年，懷著對音樂的熱愛和迷戀之情，來到世界音樂的中心維也納居住。在這裡，一位名叫李希諾夫斯基的公爵對他的音樂非常傾慕，常常把他接進宮殿居住，款待他有如上賓一般。

貝多芬是個很重情義的人，自然很感激公爵的好意，可是，就在一次事件中，他和公爵鬧翻了。

原來，在公爵舉辦的一次宴會上，拿破崙部隊的軍官也前來赴宴。公爵對他們點頭哈腰，百般諂媚，還要貝多芬演奏樂曲來助興。視權貴如糞土的貝多芬斷然拒絕了公爵的兩次請求，非常瞧不起公爵的行爲，即使外面下著大雨，貝多芬也全然不顧，憤慨地離開了公爵家。

一回到家，他便舉起公爵送給他的胸像，用力地向地上摔去，然後致函給公爵：「你之所以爲你，是因爲偶然的出身；我之所以爲我，是靠自己的力量。公爵現在有，將來也會有，而貝多芬卻永遠只有一個。」

從此以後，貝多芬不再與公爵往來。

魯賓斯坦和貝多芬都可歸類爲態度強硬的人，兩人的差別在於魯賓斯坦的強硬中帶點柔和，貝多芬的強硬則不假辭色。

對任何事情，都要有一定的堅持。雖然個性強的人往往不會顧及他人的感受，直接表達自己的意見，可是，通常這樣的人也比較容易成功。

至於軟弱的人會顧慮東、顧慮西，最後放棄發言的機會。「軟弱的人格」較容易招來失敗，因爲這種人習慣迎合別人，也容易因此而失去信心。

當然，並非強硬就是最好的，不是所有的事情都要堅持到底，有時候，倘若影響不大，順其自然就好。所以，最好的人際相處模式便是在強硬的態度中，加入適度的柔軟，人與人之間的關係才能達到平衡。

用機智把危機化轉機

碰到事情時，許多人都只會退縮或哭泣，只是再多的眼淚也沖不走麻煩，何不在遇上的當下，立刻沉著應變，將事情解決呢？

無論多麼不願意，生活處處都有小人和壞人，都會有我們意想不到的危機，以及麻煩的事情發生。

面對這種情況，唯有隨機應變，不管遇到任何突發狀況時都臨危不亂，才能化險爲夷，讓危機轉化成轉機。

有一天深夜，卓別林帶了一大筆現金，正開著車要趕回鄉村別墅的途中，沒想到竟然遇到了一個強盜。

強盜持著手槍，要求卓別林把錢全部交出來，卓別林這時一邊準備遞錢，一邊說道：「朋友，請你幫個忙吧，把我的帽子打穿幾個洞，這樣我回去之後才能向主人交代呀！」

這強盜便朝卓別林的帽子打了幾槍，卓別林又對他說：「還有我的衣襟上，也來幾槍吧！」

強盜拉起卓別林的衣襟，再開了幾槍。

最後，卓別林又央求強盜說：「如果你能在我的褲子上也打幾槍，那就更逼眞了。」

強盜不耐煩了，嘴裡生氣地咒罵了起來，但還是把槍對準了卓別林的褲子，可是，扣了好幾次扳機，卻連一發子彈都射不出來。

這時，卓別林知道槍裡已經沒有子彈了，於是立刻把錢包搶了過來，跳上車趕快逃跑，這個笨強盜這才知道自己上當了。

強盜的目的只是爲了錢，而卓別林之所以乖乖把錢交給強盜，則是害怕強盜會開槍射殺他。

但是，聰明的卓別林隨即想到，如果能把強盜手槍裡的子彈全耗盡的話，他就不用再擔心了，因而想出了這招誘導強盜用光子彈的妙計，安全逃脫。

機智，是這篇小故事所要表現的重點。碰到事情時，許多善良單純的人都只會退縮或哭泣，只是再多的眼淚也沖不走麻煩，退了再多步，最後你仍得前進面對，何不在遇上的當下，立刻沉著應變，將事情解決呢？

不要讓對方有推諉的機會

導引對方將心比心，如此一來，便能技巧地讓對方無從推諉，也就輕鬆地將問題解決了。

英國作家湯馬斯．富勒曾經寫道：「對別人始終處於信任狀態的人，是小人最喜歡算計的對象。」

因此，在這個小人無孔不入的年代，如果你不想被小人暗算，就千萬別濫用自己的信任，如此，才能不讓小人有機可乘。

日本有一家中小企業的總經理要求某家客戶準時付清帳款時，對方卻推說資金吃緊，希望能延期付款。

這對總經理來說，這實在是一件頭疼的問題，因爲這次若拿不到貨款，公司將無法付出員工們的薪資，非得拒絕他的請求才行。

這位總經理想了想，向對方說：「我知道，貴公司多年來一直都經營有方，這次會遇上資金吃緊，相信是銀行的問題吧！說眞的，最近的銀行似乎一點也不願意支援企業。」

他這麼一說，似乎正中對方的下懷。這位客戶開始大發怨氣，怒斥銀行，於是這個精明的總經理也附和著對方的口氣，跟著也痛罵了銀行一番。

就這樣，兩個人把銀行視爲共同敵人，互吐積憤。

最後，這位總經理拍了拍客戶的肩膀說：「誠如你所言，現在的銀行實在太不像話了，因此，到了付款的日期，仍然要拜託你了。」

這時，客戶仍處在與總經理同仇敵愾的氣氛裡，沒想到對方忽然冒出這麼一句請託，一時間不知道要如何回應，只好點頭答應了。

蒙田曾經寫道：「我說真話，不是看我願說多少，而是看我能說多少。」

面對難纏的小人，爲了不讓自己吃虧，並非所有的眞話都可以在任何時候脫口而出的，一個眞正的說話高手，並不是口若懸河、口才便給的善辯者，而是最能摸清對方心理的人。

這位總經理與客戶一起抱怨銀行，巧妙地拉近了他與客戶間同仇敵愾的同理心，有了共同的敵人，於是也建立起彼此要相互奧援、扶持的心理。

他從批判共同敵人的議論中找出共識，並且讓對方明白自己的困境，然後悄悄地把話題繞回到雙方的帳款上，導引對方將心比心，不要造成惡性循環。

如此一來，便能技巧性地讓對方無從推諉，也就輕鬆地將問題解決了。

找個貴人來當擋箭牌

人生在世，總得找些夠份量的貴人來當擋箭牌，說不定在臨危時候真的能為您消災解禍，永保安康。

在身份決定生命價值的年代，「權位的食物鏈」，主宰著每一個人的命運。男人決定女人，主人決定下人，居高位的人決定居低位的人，有權的人決定沒權的人，富有的人決定貧窮的人，長輩決定晚輩……

這種身份的垂直宰制關係，有道理的時候，大家相敬如賓，相安無事；沒道理的時候，恐怕連畜生都不如。

人都有做錯事的時候，但是在那個萬事可大可小的年代，擔心受怕的程度，恐怕不是這個「誰怕誰」的年代的人所能想像。底下就是一個倒楣鬼，飛來「鼠」禍的有趣故事。

曹操的馬鞍放在庫房中，被老鼠咬破了，管理庫房的官員發現後，心想這下完蛋了，準備提著頭去見曹操，以示負責。

這件事被曹操那個聰明又善良的兒子曹沖知道了，便對庫吏說：「先別著急，看我的。」

於是，曹沖就將自己的衣服弄得像是老鼠咬的那副破模樣，然後假裝心事重重地跑去見曹操。

曹操看見後，就問起原因。曹沖回答說：「聽說衣服被老鼠咬了，是一種不祥之兆。你看看我的衣服，難道我不必擔憂嗎？」

曹操安慰起曹沖說：「這些都是胡說八道，根本不必放在心上。」

過了幾天之後，庫吏前來報告，說馬鞍被老鼠咬破了。曹操聽了，竟然不以爲意地說：「我兒子的衣服放在身邊，老鼠都不放過了，更何況馬鞍懸掛在倉庫的柱子上。」

頓時，讓庫吏大大地鬆了一口氣。

人要是得寵，即使做了錯事，根本算不了什麼，在上位的人甚至一笑置之，欲「脫」之罪，何患無詞？曹沖抓對了曹操的心理，以自己相同的遭遇，來稀釋下人的倒楣事故，可以說是功德一樁，令人又敬又愛。

「兵來將擋，水來土掩」，做錯事或有冤屈，當然得找個份量夠的人來擺平；只要份量夠，自然可以大事化小，小事化無。

做人不要太單純，人生在世，總得找些夠份量的貴人來當擋箭牌，說不定在臨危時候眞的能爲你消災解禍，永保安康。

不必承擔莫須有的罪名

一味地將責任背負身上並不代表負責，不要用情緒或是情感來面對問題，這樣才不會讓彼此陷入了主觀判斷的死胡同中。

把責任的歸屬問題確實釐清之後，如果眞正應該負起責任的人是我們，那麼無論如何我們都要盡責。

反之，造成意外的眞正元凶是別人的話，我們也要懂得爲自己爭取權利，不必背負莫須有的惡名。

有一間皮鞋廠的老闆爲了讓員工們更有春節氣氛，特別加贈員工們一批鞭炮，好讓大家的春節能夠更加喜氣。

只是沒料到，其中有一名員工的小女兒在玩耍的時候，不幸竟被鞭炮擊中了眼睛。該名員工一氣之下，向法院狀告鞭炮廠商有過失。他要求，製造鞭炮的廠商要爲這個意外負起全部的責任。

當法院的通知單送到製造廠時，大家爲了這場官司十分苦悶，雖然他們有心打官司，然而就事論事，皮鞋廠的老闆恐怕也要負起責任，只是對於這個大客戶他們又不敢得罪，畢竟皮鞋廠每年的訂單不少，一旦得罪了他們，肯定會失去這個大客戶。

但是，不打這場官司的話，工廠要蒙受重大的損失。

對於這個身不由己的官司，大家無不嘆氣道：「這場官司不知道要耗費多少金錢與人力啊！」

當大家沉著臉苦思時，忽然有人大叫一聲：「我們怎麼沒有想到小林啊！」

關於小林這號人物，曾經在這間工廠工作過的人都知道，他可以說是這間公司的智多星。舉凡內部人事與對外洽談一出現問題時，大家只要向小林諮詢，便能輕輕鬆鬆地得到解決妙方。

於是，大家請來了小林，並仔細地告訴他事情的始末，當他聽完原委之後，居然大笑了好幾聲。

「一切包在我身上！」小林自信地說。

開庭的時間就快到了，小林卻還沒有出現，只見鞭炮廠的人個個神色凝重，坐立不安。不久，小林終於出現了，氣喘吁吁地來到法官的面前報到。

法官一看見他，便生氣地質問：「你怎麼現在才到？」

只見小林吞了一口氣，大聲地說道：「法官先生，我一接到傳票就趕來了，但是趕路的過程中，這間皮鞋公司製作的皮鞋竟把我的腳磨破了，然而製造商並不願意承擔這個責任，因爲他們推卸說這是我使用不當的後果。總之，他們要我自負這個結果。可是我不服氣，所以先去按鈴申告……」

皮鞋廠當事人一聽，明白了小林的弦外之音，最後他決定撤銷起訴。事後，鞭炮廠長則致贈了一筆慰問金給小女孩聊表心意。

做人做事多一點心眼，才會多一點勝算。一般人之所以失敗，多半是由於做人太過單純，思想太過僵化，不懂得權謀變通。

想要指正別人的錯誤，不一定要用責備的方式，開口批評之前，一定要先動點腦筋，如此一來，才能既指出對方的錯謬，又不致讓對方惱羞成怒。

小林沒有先爲自己辯解，反而將他控訴對方的事件提出，目的就是要讓鞋廠的人員能夠釐清，意外發生時的問題與責任歸屬。結果也正如小林的預期，雙方皆退一步，卻也讓彼此的合作關係更進一步。

就事論事，一味地將責任背負身上並不代表負責，回歸到事情本身，不要用情緒或是情感來面對問題，這樣才不會讓彼此陷入了主觀判斷的死胡同中。

把學歷轉化成能力

> 文憑就跟外表一樣，雖然一開始容易吸引眾人的目光，但是沒有缺乏真材實料的內在，也只是無用的裝飾品而已。

現代社會中，學歷的重要性是無庸置疑的，大學畢業也已經成了最基本的標準。但是，如果沒有眞才實學的話，再好的文憑和學位，也沒有辦法成爲不可取代的優勢。

肯尼迪高中畢業後就開始找工作，偶然間發現了一則徵人廣告：某家知名的出版公司要招聘一位負責五個州內各書店、百貨公司和零售商的業務代表，薪水是一個月一千六百美元到兩千美元，另外還有工作獎金、出差費和公司配車……等等。

這是肯尼迪夢寐以求的工作，可惜，他在面試的時候就被拒絕了。

主管很客氣地對肯尼迪解釋爲什麼拒絕他的理由：第一、他的年紀太輕；第二、他沒有相關的工作經驗；第三、他只有高中畢業而已。

肯尼迪竭盡所能地毛遂自薦，但是主管的態度仍然十分堅決。這時，肯尼迪靈機一動，對主管說：「反正你們這個業務代表的空缺已經缺了六個月了，再缺三個月應該也不會有太大的差別。既然如此，能不能讓我先做三個月？我不要薪水和交通工具，公司只要負擔我的出差費就行了。等三個月之後，你再決定要不要錄用我，如何？」

主管覺得肯尼迪的辦法很有趣，便答應了他的條件。

在這短短的三個月裡，肯尼迪達成許多耀眼的成績，其中包括了重組了銷售流程，創下公司有史以來的銷售紀錄；他也爭取到更多新客戶，包括一些以往一直爭取不到的客戶。

於是，不到三個月，肯尼迪就被錄取了。

在人生的各項競爭中，聰明才智才是決定勝負的關鍵。

因此，平常就得經常鍛鍊自己的腦力，讓才智像太陽一樣發光，如此它才可能成爲你超越別人的秘密武器。

地球已經變平了，競爭者正虎視眈眈想搶走你的機會。想要比別人成功，光是靠認眞和努力是不夠的，有時候在做人方面必須多一點心機，做事方面必須多一些努力，才能讓自己在這個充滿變數的社會中出人頭地。

單純的人總是認爲學歷很重要，事實上，把學歷轉換成能力則更重要。如果做不到這一點，那麼擁有再顯赫的文憑，也不過代表比一般人會讀書而已。

文憑就跟外表一樣，雖然一開始容易吸引衆人的目光，但是沒有缺乏眞材實料的內在，那麼再好看的外表，也只是無用的裝飾品而已。

要尊重別人，也要活得舒心

要是一味想要討好別人，卻不小心將馬屁拍到馬腿上，反而會讓自己在對方心目中辛辛苦苦建立起來的形象毀於一旦。

當一個人太積極想要討好別人的時候，就很容易失去自己。

別人的愛憎好惡對你而言固然很重要，但是你應該知道，不管你多麼努力，也無法滿足他人全部的喜好，因爲你不是他，你只能盡力討他歡心，卻沒有辦法每次都讓他開心。

從前，有個叫賈良臣的富商，非常講究倫理分明，因此不許家裡面的人直呼其名諱。若是有誰不小心提到「良臣」兩個字，就等於是不尊重他，必須要付出慘痛的代價。

賈良臣有個小兒子，很會看人臉色。他每回讀書，只要遇到「良臣」兩個字，就改唸「爹爹」，讓賈良臣每次聽了，都感到非常窩心，直誇這個小兒子猶如神童一般聰明。

一次，賈良臣心血來潮，於是喚來小兒子說：「寶貝啊，爹爹很久沒有聽到你讀書的聲音啦，快把《孟子》這本書拿來，唸幾段給爹爹聽吧！」

小兒子立刻取來書本，搖頭晃腦地開始朗讀。

賈良臣聽到小兒子讀得字正腔圓、口齒伶俐，忍不住豎起大拇指來打算稱讚他一番。只是，他讚美的話還沒有說出口，卻忽然臉色一沉，舉起手來對著小兒子的右臉轟了過去。

原來，小兒子讀到《孟子》中「今之所謂良臣，古之所謂民賊也」這句話的時候自作聰明，把它改讀成「今之所謂爹爹，古之所謂民賊也」，難怪他爹聽了會大發雷霆。

曾經有人做了一個調查，發現在人際互動中，百分之九十五的人都希望自己是個受歡迎、被喜愛與被接納的人，並且有百分之八十二的人非常希望自己在和別人接觸時，可以給人好印象，或是受到一些肯定與讚美。由此可見，絕大多數的人都很在意自己的形象。

只是，一味想要討好別人、盡力去達到別人對自己的要求，不但會讓自己的心情老是隨著別人的褒貶毀譽而忽上忽下，要是不小心將馬屁拍到馬腿上的時候，更會讓自己在對方心目中辛辛苦苦建立起來的形象毀於一旦。

所以，做人固然要用心，要懂得尊重別人的看法，但是更應該要有忠於自我的勇氣。別人對你的要求與評價雖然重要，但再怎麼樣，都比不上讓自己活得舒心自在更重要！

太過熱心，小心惹禍上身

幫助別人，需要的不只是一片丹心，更需要加上智慧與細心，才不至於讓自己陷入「助人不成反害人」的尷尬境地。

生性善良的人都相信「助人爲快樂之本」，但是，做人做事要是沒有一點提防之心，無異於把自己推向險境。

幫助別人固然是件值得鼓勵的事情，但若用錯方法，反而可能造成別人的負擔，甚至爲自己惹禍上身。

想在人性叢林裡優遊自在，就應當秉持著純眞的態度待人，同時用精明的態度做事，才不會讓自己的善良變成自己的弱點。

有個獵人在路上遇見一條狗。

狗見了他，很高興地搖著尾巴對他說：「你收留我吧，我很會打獵，獵得的獵物我和你平分，好嗎？」

獵人看到這條狗流落在外，餐風宿露的模樣甚是可憐，便一口答應說：「好，你就跟我回家吧！」

這條狗果然如牠自己所言，見了獵物又兇又狠，每天都叼著滿嘴的肉回來。

自此，獵人把狗當成貴客，每天都請牠吃上好的菜餚和米飯。

只是，獵人對狗越是敬重，這隻狗益發傲慢，每次打獵獲得的動物，都獨自吃光啃淨。

獵人的朋友知道這事以後，爲獵人感到不值，他們笑著對獵人說：「這隻狗對你究竟有什麼好處？牠再會打獵，也從不曾與你分享，你爲什麼還要把他當成上賓般禮遇呢？」

獵人越想越覺得有道理，於是便對狗說：「你吃我的，住我的，照道理說，你捕得的獵物，我們應該一人一半才對。可是，你竟然一點兒也不留給我，眞是太沒義氣啦！」

這條狗一向被服侍得妥妥當當的，從來沒有聽過一句疾言厲色的話，一怒之下便撲向獵人，一口將他咬死，然後大搖大擺離開了獵人的家。

在這個社會上，好心沒好報的事情越來越多。

幾年前曾經發生一件震驚社會的新聞，一位高中生本著助人的好意，揹著患有特殊病症的同學下樓梯，結果天雨路滑，高中生不小心跌倒，導致揹在身後的玻璃娃娃不幸摔死。

死者家屬一狀告上法庭，法官秉持「助人要量力而爲」的理由，判決助人的高中生必須賠償新台幣三百多萬元，而死者哥哥的一句「遲來的正義」，更是令人感到由衷的心寒。

如果這個社會對待那些好心人總是「有功無賞，打破要賠」，以後還會有誰願意去當那個好心沒有好報的傻瓜？

另外，對於那些試圖幫助我們的人，即使他們的好意變成了我們的負擔，我們也應該要以感恩諒解的心情回應他們，千萬不要用冷漠澆熄對方的熱忱。

同時，我們也應該要有所體認：幫助別人，需要的不只是一片丹心，更需要加上智慧與細心，才能達到營救別人的目的，也不至於讓自己陷入「助人不成反害人」的尷尬境地。

02

適時退讓可以抑制對方的鋒芒

以自嘲的方式，讓自己從尷尬中站起來，或是以卑微的態度，減少對手的敵意，這些都是「以退為進」最常用的成功方法。

適時退讓可以抑制對方的鋒芒

以自嘲的方式，讓自己從尷尬中站起來，或是以卑微的態度，減少對手的敵意，這些都是「以退為進」最常用的成功方法。

當眾受到別人羞辱是件非常難堪的事，但是，就算你氣得七竅生煙，也不一定能擊退對方。

這時，不妨以不同的方式解決，不用聲調高亢地加以辯駁，也不用尖酸刻薄地反唇相譏，而是適時利用退讓使自己前進，以包容的讚賞讓對手失去鋒芒，使對方不戰而敗，知難而退。

大文豪蕭伯納的新作《武裝與人》，首次公演便獲得了熱烈的回響。

當觀眾在劇終要求蕭伯納上台，接受大家的祝賀時，卻突然聽見一個人對著他大喊：「蕭伯納，你的劇本糟透了，誰要看？回去吧！停演吧！」

所有觀眾都大吃一驚，許多人猜想，蕭伯納這時肯定會氣得渾身發抖，或許也會有所反駁。

但是，蕭伯納非但沒有生氣，還笑容滿面地朝向那個人，深深地一鞠躬，非常有禮貌地說：「我的朋友，你說得很好，我完全同意你的意見。但遺憾的是，我們只有兩個人，實在很難抵抗這麼多的觀眾吧？就算我和你意見相同，也無法禁止這場表演，不是嗎？」

蕭伯納說完這幾句話後，立即引來了全場如雷的掌聲；至於那位故意挑釁的傢伙，就在觀眾的掌聲中，偷偷地溜走了。

失意與挫折是每個人都沒有辦法逃避的人生考驗，如何用幽默樂觀的心態面對，無疑是相當重要的。

當現實環境不如預期，不妨發揮幽默感，許多苦惱都會雲淡風輕。

以退爲進，是待人處事的高超技巧。

有時候，我們會看見別人以自嘲的方式，讓自己從尷尬中站起來，或是反其道而行，以卑微的態度，減少對手的敵意，並讓自己有機會再次伸展，這些都是「以退爲進」最常用的成功方法。

「以退爲進」的道理很簡單，方法也很容易，只要你肯適退讓一步，你就能換得前進一步的機會。

正話反說，就能把事情輕鬆解決

如果我們能從人性的心理著手，以旁敲側擊或是正話反說的方式克服，不僅不會得罪任何人，還能收到很好的功效。

戴爾．卡內基在《人性的弱點》裡說：「太陽能比風更快的脫下你的大衣；風趣幽默的方式，比任何命令更容易改變別人的心意。」

日常生活中，有些人的習慣是無法用強制的方法加以改變的，與其命令，倒不如反其道而行。

在印度，許多婦女都習慣帶著帽子看電影。

可是，這些帽子常常擋住後面觀衆的視線，於是便有員工建議電影院的經理，張貼個公告，禁止她們戴帽子進場。

但是，經理卻搖頭說：「這樣限制的話，恐怕會造成觀衆的流失，我還是必須尊重她們戴帽子的習慣。」

大家聽了之後，都感到十分失望。

不過到了第二天，在影片放映前，這位經理卻在銀幕上播放了一段公告：「本院爲了照顧『衰老有病』的女客人，特別允許她們戴著帽子，即使電影放映時也不必摘下。」

但是，當這串文字從螢幕上一跑出來，所有的女客人立刻都把帽子給摘下來了。聰明的電影院經理，利用一般人害怕衰老有病的心理，沒有得罪任何客人，輕輕鬆鬆地就把問題給解決了。

我們習慣以「限制」或「法令」來強制規範別人的行爲，成效不彰的情況比比皆是，這是因爲大多數人都不喜歡「被約束」的感覺。

如果我們能從人性的心理著手，以旁敲側擊或是正話反說的方式克服，不僅不會得罪任何人，還能收到很好的功效。

遇到那些蠻橫不講理或不遵守規矩的人，大文豪莎士比亞提醒我們：「不要輕易燃起心中的怒火，它燒不了敵人，只會灼傷自己。」

每個人的周遭都有一些讓人難以忍受的人，當你想挺身而出主持公道的時候，千萬不要輕易抓狂，應該暫時忍下心中的憤怒與衝動，如此才能冷靜想出應變知道，輕鬆戰勝這些人。

嘲弄，也是應付小人的方式

連大學者胡適，都曾被狠狠地被嘲諷了一番，那些總是粗淺學習的人，或老是帶著半調子而自大驕傲的人，更不值一提了。

俄國幽默作家契訶夫曾經說道：「一次絕妙的嘲笑，所起的作用會比十次訓話還大得多呢！」

在某種情況下，嘲諷令人厭惡的小人，不失爲制止他們氣焰的好方法。

有一段時間，胡適對於墨子的學說很感興趣，而且也下了許多功夫研究，自認爲頗有心得。

在一次宴會中，胡適與黃季剛正好坐在一起，一坐下來，便迫不及待對黃季剛大談墨子思想。但是，黃季剛在他說完後，突然大罵道：「現在講墨子的人，都是混帳王八蛋。」

胡適知道黃季剛素有「黃瘋子」的外號，既然話不投機半句多，他只好忍住不再多話，對剛剛的事也不作任何回應。

但是，怎料黃季剛竟繼續罵著：「胡適的父親是混帳王八蛋。」

這下子，個性和順的胡適再也忍不住了，他氣憤地對著黃季剛怒斥不該侮辱他的父親。沒想到這會兒，黃季剛卻反而微笑著說：「你不要生氣，我只是要考一考你，你知道墨子講求兼愛，也說他是無父的，但在你心中卻仍有父親，可見你還不是墨子的標準信徒。」

雖然這是一句很粗俗的玩笑話，卻一針見血地說中了胡適對於墨學研究不夠深入的事實。黃季剛的這句玩笑，讓胡適知道所學不夠專精的缺點，用「話中有話」的方式對胡適作指導，如此一來，反而減少了直指缺失時的對立。

這則故事隱藏了兩個不同的意義，一是用玩笑話的解題技巧，另一個則是深入研究的重要性。

尼采說：「凡事一知半解，寧可什麼都不知道。」

連身爲大學者的胡適先生，都曾被黃季剛評定爲研究不夠深入，還被他狠狠地被嘲諷了一番，那些總是粗淺學習的人，或老是帶著半調子而自大驕傲的人，更不值一提了。

從這則小故事中，我們不難理解，有時候，適時地加以嘲弄也不失是應付小人的一種方式。

不要聰明反被聰明誤

不要太相信自己的學經歷，天才與蠢才之隔，就是一個時常動腦思考，一個靠著小聰明而頻頻跌倒。

德國科學家貝爾納曾說：「不少學者就像是銀行的出納人員，即使掌握了許多金錢，這些錢也不是他的財產。」

正因爲如此，我們才會在層出不窮的詐騙案中，赫然發現許多受害者有著超高學歷，甚至是教授級人物。

不是會唸書的人就一定聰明，也不是學歷高的人說的話就一定對，因此，別再仗著自己有些小聰明而志得意滿。

如果你沒有讓自己繼續成長，你的小聰明永遠就只有那些。

成長與學習停滯的人，永遠也不會有大智慧，希望自己能有所成就，肯定是件困難的事。

一位美國汽車修理師有一個習慣，非常喜歡在工作時說笑話。

有一次，他從引擎蓋下抬起頭來，問一位前來修車的博士：「博士，有個又聾又啞的人到一家五金行買釘子，他把兩個手指頭並攏，放在櫃台上，又用另一隻手做了幾次鎚擊動作，於是店員給他拿來一把鎚子。他搖搖頭，指了指正在敲擊的那兩個手指頭，店員便給他拿來了釘子，他選出合適的就走了。接著，店裡又進來了一個瞎子，他要買把剪刀，你猜他要怎麼表示呢？」

這位博士想了一下，便舉起右手，用食指和中指，做了幾次正在剪東西的動作。修理師一看，開心地哈哈大笑起來：「啊！博士你眞笨，他當然是用嘴巴說要買剪刀呀！」

接著，這個汽車修理師又得意洋洋地說：「今天，我用這個問題把所有的顧客都考了一下。」

「上當的人多嗎？」博士急著問。

「不少。」汽車修理師說：「但是，我早就知道你一定會上當。」

「爲什麼？」博士詫異地問。

「因爲你受的教育太高了，博士，光從這一點，我就可以知道你的腦袋打結，不會太聰明啦！」

人生充滿危機和變數，人不可能全知全能，出糗與上當是每個人都沒有辦法逃避的人生考驗，狡詐的人永遠會想盡辦法挖掘你的盲點，刺激你的缺陷，好讓你暴露出更多弱點，然後把你耍得團團轉。

擁有多少知識並不等於擁有多少才智，現實生中充滿著許許多陷阱，勤於思考才是避免犯錯的最佳途徑。

不要太相信自己的學經歷，天才與蠢才的區隔，就是一個擁有大智慧，時常動腦思考，一個靠著小聰明而頻頻跌倒。

如果你常覺得自己懷才不遇，或者老是上當受騙，那麼你可要重新評估自己的聰明才智囉！

太過自信的人，往往活在自我設限的框架中，讓原有的聰明才智難以發揮。其實，成敗皆在你手中，眞正成功的人不會迷失在別人精心佈置的疑陣中，也更明白如何才能一鳴驚人，爲自己創造無人能取代的地位。

責備，不一定要暴跳如雷

如果只看得見別人的缺點，只會直指別人的鼻子大罵不是，那麼只會產生更多的衝突，也是最笨的溝通方式。

法國文豪巴爾札克曾說：「人總是喜歡在別人面前炫燿自己，自己原本一無所有，卻要處處裝出什麼都有的樣子。」

這種傾向以小人最明顯，小人最常炫燿的除了財富、地位、名聲之外，就是「高尚的品德」，只不過，這樣東西實際上是他們最欠缺的。

儘管許多勵志作家都教導我們，爲人處世應該以寬容爲本，但是，面對一些厚顏無恥的行徑，寬容過了頭就會變成縱容，只會使小人的氣焰更加囂張。

如果你實在看不下去，又何妨想想法子挫挫小人的銳氣？

四〇年代，美國色情工業方興未艾，有些唯利是圖的好萊塢製片商爲了追逐金錢，開始大量製作色情電影，並高價徵求色情劇本。

當時，有個製片商在徵求劇本時，提出了四個要求：「一要有宗教色彩，二要有貴族氣息，三要有性愛場面，四故事要令人驚愕」。

有位著名的劇作家聽到消息後，認爲此風不可長，爲了要調侃這位製片商，便照著他的要求，一個晚上就把劇本完成了，並且第二天一早就送去給那位製片商。製片商收到「名家之作」非常高興，但是，看完劇本之後，卻大罵這個編劇：「你是存心來找碴的嗎？」

原來，劇作家送來的劇本只有一句話，這句話是：「『上帝啊！』公爵夫人高聲喊道：『快把你的手從我的大腿上拿開』。」

這位幽默的劇作家，笑嘻嘻地對著火冒三丈的製片商解釋道：「親愛的先生，您不是公開聲明說要符合您提出的四個要求嗎？那麼『上帝啊』，難道不算宗教色彩嗎？『高聲叫喊的公爵夫人』，不也富有濃厚的貴族色彩嗎？『快把你的手從我的大腿上拿開』，您瞧，有隻手已經放在公爵夫人的腿上，這不正是性愛的場景嗎？如果您的精神還正常的話，從整句台詞的語氣上來看，相信您一定感覺非常驚愕吧？如此一來，您所要求的四個標準，在這個劇本裡不是都具備了嗎？」

被戲弄的製片商聽了這話，氣得面紅耳赤，卻也只能無言以對地看著劇作家大搖大擺地離開。

人是最擅長偽裝的動物，現實生活中道貌岸然的小人很多，如果你不想老是受他們宰割，那麼就得放聰明一點，透過適當的方式加以反擊。

病態的社會是小人滋長的溫床，在過度追逐名利的情況下，往往會造成許多錯誤、不良的社會風氣，以及扭曲的價值觀。

聰明的劇作家以極其諷刺的方法，撰寫了一個絕妙的劇本，藉以突顯色情電影業者在追逐金錢時的厚顏無恥，雖沒有和製片商正面衝突，卻以更直接地方式，給予同製片商一個無形的教訓。

同時，這個劇作家也提供了一個絕佳的溝通技巧。

人與人之間的相處，需要的是多點心思、多點溝通，如果只看得見別人的缺點，只會直指別人的鼻子大罵不是，那麼只會產生更多的衝突，招來更多報復，這也是最笨的溝通方式。

學學劇作家吧！嘲諷式的幽默，反而更能一針見血，讓小人深省。

你也可以光明正大說謊話

「弄假成真」的手段並不高明，也不夠高尚，但是，這在爾虞我詐的社會中，在政治的競技場上，能夠正大光明的又有幾個？

莎士比亞在《哈姆雷特》裡說：「人往往用至誠的外表和虔誠的行動，掩飾一顆魔鬼般的內心。」

如果你恨透了週遭那些道貌岸然的僞君子，有時不妨學學下面故事中的評論家，光明正大說個「八卦新聞」，讓他們爲了澄清而疲於奔命。

日本曾經發生一件相當轟動、「弄假成眞」的政治事件。

在一場宴會中，有位政治評論家突然站起來說：「我現在要說的事，並沒有事實根據……」

接著，他爆料說出了一件足以令某位政治家結束政治生涯的訊息。

雖然這位評論家已申明，這件事並沒有事實根據，但是這個消息卻讓在座的所有人都認爲，這件事一定是眞的。

不久，媒體大肆報導了這則消息，那位政治家看了報導之後，便氣沖沖地立刻趕去興師問罪。

評論家在道歉後，無奈地說：「我曾經事先聲明，這件事並沒有確實的根據，這點當天在場人士都可以作證。」

這位政治家聽了這番說詞，儘管對他恨得牙癢癢的，卻也無可奈何，只好悻悻然地離開了。

馬克吐溫曾說：「你必須找到事實，接著你怎麼扭曲它都行。」

在這個巧詐勝於雄辯的社會上，有些人爲了達到目的，往往會在看似眞實的基礎下，發出虛假的言論，讓人防不勝防。

這個評論家利用群衆習於偷窺、猜疑的好奇心理，雖然事先已經表明他所說的「小道消息」沒有事實根據了，但是，以他的身份地位，加上這種「此地無銀三百兩」的說話方式，反而更讓人信以爲眞。

所以，這位政治家在這場「弄假成眞」的遊戲裡，其政治生涯自然受到了影響，也造成一定程度的傷害。

雖然這種惡意中傷的手段並不高明，也不夠高尚，但是，這在爾虞我詐的社會中，在權謀機詐處處可見的政治競技場上，能夠正大光明的又有幾個？

相信專家，小心變成輸家

別再盲目地聽信「專家」的意見了，否則你很容易變成輸家。
唯有經過思考和判斷，才能真正的付出行動。

在這個迷信專家的年代，熟諳人性弱點的小人，往往會處心積慮地塑造自己，以「專家」形象出現在公眾面前，讓無法分辨眞僞的人吃虧上當。

其實，即使最傑出的天才人物，在某些領域中仍舊是寸步難行、愚昧無知的，因此，不要盲目迷信專家的說法。一個人如果不曾仔細觀察，就不會有深刻的理解，自然也就不會有正確的行動。

美國有位心理學家曾經做過一個實驗。開課前，他介紹一位化學家，說是要來和同學們一起研究一個新實驗，他說：「這位就是世界知名的化學家史密特先生，你們今天要配合他做一個試驗。」

於是，這位史密特先生用德語向學生講解，而由那位教師當翻譯。

史密特說，他正在研究某種新發現物質的性能，因爲這種物質擴散得非常快，人們才聞到它的氣味，就立刻消散了，氣味並不持久。但是，一些較過敏的人，在聞到這種氣味後會有輕微的反應，諸如頭暈、噁心……等情況，不過這些症狀很快就會消失，並不會有任何副作用。

史密特說完後，便從皮包裡拿出一個密封的玻璃試管，他說：「現在，只要一打開試管，這種物質便會立即散發出來，你們很快就會聞到氣味了，一聞到氣味的人，請立即舉起手來。」

只見他打開了試管，不一會兒工夫，從第一排到最後一排的學生全都舉起手來，甚至還有人說有自己頭暈的現象。

當實驗結束後，沒想到老師卻對學生們說，所謂具有強烈刺激氣味的物質，其實只不過是普通的蒸餾水而已，至於那位「史密特」先生，也只是該校的一位德語教師，根本不是什麼世界著名的化學家。

從這個實驗中，我們可以獲得一個訊息，那就是人們太過迷信專家了。一遇到專家，就習慣以他們的說詞作爲依據，造成行爲上的盲從，讓自己失去客觀的判斷能力，因此才會被週遭的小人騙得團團轉。

你是不是也習慣當個應聲蟲呢？或是只會人云亦云，一點自主思考和判斷的能力都沒有？

別再盲目地聽信「專家」的意見了，否則你很容易變成輸家。

就算頭銜再多，名聲再響亮，貨眞價實的專家也會有出錯的時候，更何況是那些冒牌的專家呢？唯有經過思考和判斷，才能眞正的付出行動。

心平氣和才是對付小人的法則

若能以推理分析來回應，定能讓對手的荒謬論調不攻自破，而且更能得到別人的讚賞與欽佩！

我們都很習慣用憤怒處理事情，用情緒來駁斥別人說我們的不是，殊不知許多時候，因爲過度激昂的情緒，反而容易模糊了事情的焦點，也更加容易讓別人忽略應當知道的事實。

不如學學契斯特．朗寧的機智加以還擊吧！

加拿大前外交官契斯特．朗寧是個在中國出生，而父母都是美國人的傳教士。朗寧出生時，因爲母親無法餵哺，所以便請了一位中國奶媽餵養他。

但是，沒想到在他三十歲競選議員時，這段往事竟被對手做爲攻擊、誹謗的話題。他們批評的理由，正是朗寧曾經喝過中國人的母奶長大，身上一定有中國血統的謬論。

面對對手的惡意攻擊，朗寧也不甘示弱，隨即根據誹謗者的荒謬邏輯，嚴厲地加以駁斥。

他說：「如果喝什麼奶，就形成什麼血統的話，那麼你們誰沒喝過加拿大的牛奶？難道在你們身上就有了加拿大牛的血統嗎？當然，你們可能既喝過加拿大的人乳，也喝過加拿大的牛奶，那麼在你們身上，不就有加拿大人的血統，又有加拿大牛的血統了嗎？如此推論的話，你們豈不是『人牛血統的混血兒』了。」

日本作家櫻井秀勳曾經這麼說：「不管是什麼形式的批評，最好都要以機智

幽默的方式進行。」

如果不懂得用機智幽默的方式化解衝突，那麼生活就是由摩擦和痛苦串連而成，如果能夠用輕鬆幽默的心態面對，那麼人生就會精采豐富。

在任何荒謬的論點，都有可能被編造出來的人際社會裡，要攻破這些謬論，除了要有冷靜理智的思考方式，更要有攻破敵手論點的機智。

若能以推理分析來回應，定能讓對手的荒謬論調不攻自破，而且更能得到別人的讚賞與欽佩！

贏回自己應有的尊嚴

人與人相處之道，貴在誠心敬意，懂得如何互相尊重，你才有可能得到別人的敬重。

做事的時候必須用對方法，才能讓效果達到最大。如果你在事業、工作或生活上遇到瓶頸，那麼就必須冷靜想出解決的辦法。

冷靜是突破困境的最高智慧，可以讓自己頭腦清醒，不至於進退失據、患得患失；看看以下這個真實故事，或許對你有所幫助。

儘管羅斯福總統很了解英國人，也很喜歡與英國人爲友，但是，他仍然受不了英國官員所流露出來的傲慢態度。

有一天，財政部長亨利．摩根索，拿了一封英國財政大臣的信給羅斯福看，他卻發現，對方在信封上沒有加上任何官銜的稱呼，而且很不禮貌地直呼部長之名：「亨利．摩根索先生」。

摩根索沒有留意到這一點，他只注意到信裡的內容，但羅斯福卻一眼就看到了，也看出了英國人所顯露出來的傲慢。

當摩根索另外拿出一封他準備回覆的信件時，羅斯福看了看說：「這封信的內容，寫得不錯，但你犯了一個錯誤。」

摩根索慌張地問：「犯了什麼錯誤？」

羅斯福說：「在稱呼上，你應該直呼他的姓名，這樣才能與那封信的稱呼一致，所以，你千萬不要在稱謂上再加任何官銜。」

羅斯福這招果然厲害，英國財政大臣的第二封來信中，就規規矩矩地加上了美國財政部長的官銜。

羅斯福以其人之道，還治其人之身，給了傲慢的英國大臣一個教訓，也爲自己贏回應有的尊嚴和敬重。

人與人相處之道，貴在誠心敬意、互敬互讓，懂得如何互相尊重，你才有可能得到別人的敬重。

雖然只是一個小小的官銜稱謂，但在細微處所應當表現出來的禮儀，卻比面對面的尊重更重要。

這是我們必須留意，也是許多人容易忽略的小細節，而且，往往因爲這個小疏忽，而讓你莫名地得罪別人，或是失去大好機會。

03

腦袋靈活，才不會被牽著鼻子走

只要讓自己快速學會對付小人，你就能在小人欺負你時，知道如何見招拆招，反過來牽著對方的鼻子走！

面對挑釁，何必太認真？

若是你不希望讓周遭的小人煩擾生活，不希望被無謂的事情擾亂心情，就讓看事情的視野多一些角度吧。

看事情的角度有很多，面對別人的挑釁舉動，除了動氣之外，你可以有不同的解釋和不同的面對態度，讓想使你出糗的人出糗。

只要發揮你的智慧，你希望事情怎麼進展，你就能看見期望的結果！

活在這個小人到處充斥的社會，小人固然煩人，但更糟糕的是你太過善良，不懂得善用他們對你有幫助的另一面，將他們變成自己生命中的貴人。

美國自由派牧師亨利．沃德和他的姐姐，《湯姆叔叔的小屋》的作者斯朵夫人，都是廢除奴隸運動的鼓吹者和參與者。

由於亨利．沃德經常在佈道時，揭露奴隸制度的罪惡，因此經常遭到奴隸主人的辱罵和攻擊。

有一次，他收到了一封信，拆開一看，上面只寫了兩個字：「白癡」。

佈道時，沃德談到了這件事，戲謔地說：「我常常收到寫完了信，卻忘了簽上自己名字的人，但是，居然有人只記得簽下自己的名字，卻忘了寫內容，今天我倒是頭一次遇到。」

還有一次，沃德正在發表反對奴隸制度的演說時，台下突然傳出了一陣「喔喔喔」的雞鳴聲，這時會場一陣嘩然，沃德只好停止演講。

原來，台下的聽眾裡，有一些贊成奴隸制的主人，故意模仿雞叫的聲音，想干擾沃德的演講。

但是，沃德非常鎮定，臉上沒有一點惱怒的神情，只是從口袋裡慢慢地拿出懷錶，認真地看了一遍，又來回晃了幾下。

他這個舉動立刻吸引了台下的聽衆，會場頓時又安靜了下來。

於是，他滿臉認眞地對聽衆說：「太奇怪了，我的懷錶還好好的，沒有任何毛病啊！可是懷錶的時針卻指著十點鐘，我很肯定現在應該是清晨才對，因爲下面那些雞在叫喊，絕對是出自於動物的本能！」

在這個人心叵測的時代，再怎麼善良，做人做事還是要多一點心眼，面對不懷好意的對手，更要懂活用自己的腦袋化解窘境。

當沃德的處理方法讓人會心一笑時，我們同時也發現，對事物的解釋方式原來比事物本身更重要，一切端看我們面對事情抱持什麼樣的態度，以及如何設定解釋的角度。

思考應該是寬闊的、深刻的，若是你不希望讓周遭的小人煩擾生活，不希望被無謂的事情擾亂心情，就讓看事情的視野多一些角度吧。

果斷地去做自己該做的事

與其畏首畏尾，做任何事都瞻前顧後，還不如放開自己的心胸，果斷而努力地去做自己應該做的事。

每一個人都害怕犯錯，其實，害怕犯錯絕大部分的原因，是害怕在別人的心中留下不好的印象，以及害怕得不到諒解。

人生在世，犯錯是難免的，有一句印度的俗諺說得好：「即使是四條腿的大象，也會有摔跤的時候。」

如果能明白這個道理，爲人處世事的時候，就不會因爲瞻前顧後而無法施展手腳，更不會在面對別人質疑時不知所措。

日本一代名僧諸獄滿堂，有一段時間曾經在香積寺的主持風外和尚的座下，擔任掌理飲食的典座。有一天，寺裡舉辦了一場盛大的法事，除了原本寺裡的和尚外，又增加了許多香客。爲了應付這些爲數眾多的香客，諸獄滿堂必須準備比平時還要多的食物。

忙不過來的滿堂，只能匆匆忙忙把白蘿蔔、紅蘿蔔、青菜……等隨便洗一洗，切成大塊就放到鍋子裡去煮。

在一陣忙亂之間，滿堂沒有注意有一條小青蛇爬進鍋子裡，就把這條小蛇當成青菜一起煮了。滿堂把煮好的菜盛到碗裡，就直接端出來給香客和寺裡的和尚們吃，一點也沒有發覺青菜中多了一條蛇。

直到法事結束，香客們都回去後，風外和尚才把滿堂叫到面前，用筷子從碗中挑出一塊東西，問他：「這是什麼？」

滿堂仔細一看，原來風外和尚筷子上挑著的，竟然是一條蛇的頭！這時，他才發現自己居然煮了一條蛇。雖然如此，諸獄滿堂還是若無其事地回答風外和尙：「這只不過是紅蘿蔔的蒂而已。」

說完，就把蛇頭接過來，若無其事地一口氣吞到肚子裡。風外和尙對諸獄滿堂明快果斷的態度十分欣賞，因此仍然讓他掌理香積寺的飲食工作。

一旦你犯了錯，除了對你滿懷惡意的人之外，只要你承擔責任，或是以明快的方法加以補救，其他人沒有不原諒你的理由。

至於那些對你不懷好意的人，根本不必在乎他們的觀感，因爲，不論你做得對還是錯，他們總是有辦法找你的麻煩。

既然如此，與其害怕會有把柄落在這些人手中，以致於讓自己畏首畏尾，做任何事都瞻前顧後，還不如放開自己的心胸，果斷而努力地去做自己應該做的事。犯錯並不可怕，可怕的是爲了怕犯錯而什麼事都不做。

美國作家赫爾曾說道：「想把自己裁剪得適合每一個人的人，到最後，恐怕連自己都不認識自己。」

其實，做人做事有時候難免會顧此失彼，千萬不要想要討好每個人，淪爲別人任意使喚、擺佈的可憐蟲。要做好人，先學會做個聰明人，應對進退之時應該學會運用智慧，做個聰明又自在的人。

腦袋靈活，才不會被牽著鼻子走

只要讓自己快速學會對付小人，你就能在小人欺負你時，知道如何見招拆招，反過來牽著對方的鼻子走！

作家蒙森曾說：「凡是小人，通常都有一個共同點，那就是他們往往都會戴著貴人的面具出現在你身邊。」

因此，千萬別天眞地以爲在你最困難無助的時候，向你伸出援手的人，就是拯救自己的貴人，因爲，這個在你眼中的「貴人」，極有可能就是在背後讓你陷入困境的那隻黑手。

爲人處世有個很重要的教訓是：不可太信任別人。當然，這並不是教你陷入另一個極端的猜疑，而是提醒你凡事要先進行了解，千萬不要因爲人家說什麼，你就照著做什麼，否則就會被身邊的小人耍得團團轉。

紐約電話公司的總經理麥卡隆，因爲小時候被人開了一次大玩笑，於是學會了自我判斷與自我解決事情的能力。

當時他還是個小孩，雖然工作經驗還不少，卻很容易上當。那時的他在火車站的車道上做各種零工，常常受到一些工人的愚弄。

在一個炎熱的夏天中午，位於山岩與河流之間的車站熱得像鍋爐一樣，有個叫比爾的工頭，卻煞有介事地要求麥卡隆去拿一些「紅油」，以便晚上點「紅色的電燈」之用。

他告訴麥卡隆「紅油」得到圓房子裡拿，麥卡隆恭恭敬敬地接收指令，便到那裡跟他們要「紅油」。

「紅油？」那裡的職員十分奇怪地問：「做什麼用的呢？」

「點燈用的。」麥卡隆解釋說。

「啊，我曉得了。」那個職員心中似乎明白了，「紅油是在過去那個圓房子的油池裡。」

於是，麥卡隆就在那滾燙的焦煤碴上又走了一里路之遠。到了油池那裡，有人告訴他「紅油」並不在那裡，更不知道那是什麼東西，於是便叫他到站長的辦公室裡去問清楚。

麥卡隆在大太陽底下，就這麼來來回回走了一整個下午，最後他著急了，便跑去問一個年老的工程師。

這個慈祥的老工程師心疼地望著他說：「孩子呀！你不曉得那紅光是紅玻璃映射出來的嗎？你現在回到工頭那裡去和他理論吧！」

麥卡隆得到這次教訓後，發誓以後絕不要像呆子一樣，被人玩弄了還搞不清楚狀況，他決心以後做任何事都要把眼睛睜大，耳朵聽仔細，腦袋瓜子也不再只是用來放帽子的地方。

《君王論》作者馬基維利說過一則定律：「騙子總是能找到願意上當、受騙的對象。」

心思單純、善良的人，正是小人和騙子最愛坑騙、玩弄的對象，因爲他們通常不明瞭人心的險惡指數，遠遠超過自己的想像。

善良的人往往不相信那些爾虞我詐的事情會發生在自己身上，也不相信那些貌似眞誠的朋友會欺騙、利用自己，正因爲如此，容易遭到有心人士的算計，讓自己陷入危機。

現實的社會充滿陷阱，處處可以見到欺騙、訛詐、巧取豪奪；複雜的人性捉摸不定，有時散發著善良的光輝，有時流露著醜惡的慾望。

每個人的身邊都會圍繞一群小人，諷刺的是，我們都曾因爲認識不清，對這群小人深信不疑。做人當然要純眞善良，但千萬不要讓純眞善良變成自己的致命傷，具備一點心機，做好自保工作，無疑是防範小人耍奸耍詐的首要課題。

害怕被小人愚弄、欺負嗎？那麼你就要把眼睛睜亮點，腦子放靈活些，懂得判斷，並且努力學習。

只要讓自己快速上手，你就能在小人欺負你時，知道如何見招拆招，反過來牽著對方的鼻子走！

不要習慣依賴別人，也別老是等待別人的答案，你必須要有自己的判斷力，要有自己看待人事物的方法，多用自己的大腦去思考，才能走出自己的路。

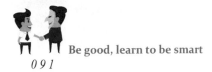

再怎麼親密，也要保持距離

過度接近則容易出現摩擦、衝突，甚至連退路都沒有。至於應該保持多少距離，得依個人的經驗與智慧去判斷。

人大致上可分爲兩種，一種人重功利，一種人重情義。

重功利的人，不見得不重視情義，但是當情義妨礙他的功利時，就可能犧牲情義。重情義的人，也不見得不喜愛功利，但當功利違背情義時，就可能寧捨功利，而就情義。

事實上，人經常在這兩者之間取捨煎熬。

人要取捨什麼，成就什麼，端看他的人生目標爲何。

奸雄不見得沒有情義，他可能爲一隻受傷的小動物而悲懷，卻也可能因爲生怕礙事，而殺了他平日鍾愛的人。有人說，這是不得不然的決斷，但也可以說，這正是奸雄之所以爲奸雄。

這樣的人，你會喜歡嗎？

處在重功利的人的屋簷下，你又當如何自處？底下的故事，提供了一個很好的警示。

名書法家王羲之年輕的時候，便顯得相當聰明、才華出衆，因而特別得到當時的大將軍王敦的疼愛，常常叫他到自己的營帳中一起飲酒作樂，喝醉了便留在軍營過夜。

有一天，王敦起得很早，沒多久，大臣錢鳳前來求見，而且，王敦立刻支開左右隨從，關起門來，密商舉兵造反之事，不過，卻忘了王羲之正睡在帳中。

聽到不該聽到的天大秘密，王羲之了解大事當前，王敦不可能允許留下任何疏漏，即使是他，所以判斷自己可能無法活命。

於是，他當機立斷，立刻把手指伸入喉嚨，引發嘔吐，將自己的頭臉、被褥一起搞得髒兮兮，然後又假裝熟睡。

果不其然，王敦與錢鳳事情還沒談完，突然想起王羲之睡在帳中，兩人商議一番，嘆息著說：「不得不殺了他。」

不過，等到揭開床帳一看，只見王羲之吐得一場糊塗，又一副爛醉不醒模樣，這才打消了殺他的念頭。

人是最擅長僞裝的動物，現實生活中道貌岸然的小人很多，單憑身分、地位或外貌就輕易相信別人，可說是人性的重大弱點之一。與人交往，如果沒有一絲提防之心，以及臨機應變的智慧，往往會因爲和對方太過於親近，使自己遭受重大傷害。

人與人之間親近是一件很好的事情，但經驗告訴我們，人與人之間可以親，卻不要太靠近，即使是最親密的人。因爲親是善意、溫馨的表現，但過度接近則容易出現摩擦、衝突，甚至連退路都沒有。至於應該保持多少距離，仍得依個人的經驗與智慧去判斷。

王羲之是個美學家，對距離或許有特殊的天賦與敏銳的感應，反映在對事理、人情的判斷上，他知道自己在某種時空之下，是不應該存在的，必然會遭到剔除。所以，斷然採取自我抹除的手法，至少讓自己看起來不再那麼礙眼，可以說是一記相當漂亮的揮灑。

在人性叢林中行走，必須小心謹慎，保持適當距離，否則，可能怎麼死的都不知道。

冷靜與機智是絕處逢生的幫手

冷靜與機智的養成必須雙管齊下，培養靈活的解決應變能力之外，更要建立起對自己處事能力的自信。

身處在危險的崖邊，很多人經常因爲絕望而選擇了放棄。

然而，他們卻從來都不知道，就在身後，其實隱藏著一條絕處逢生的後路，只要能再冷靜一點，願意用明智的雙眼去探尋，便一定能發現。

將冷靜與機智套用在日常生活中，我們便能輕易地發現，無論在工作中還是生活上，面對突發的危機，如果我們臨場反應夠冷靜，充分地表現機智，無論情勢有多不利，最後都將化險爲夷。

霍爾是波斯帝國的太子，有一年率兵遠征，不幸被阿拉伯的士兵俘虜，當士兵們將他押解到國王的面前時，國王便立即下令處斬。

在刑場上，霍爾向國王請求：「主宰一切的國王啊！我現在口渴得十分難受，您胸懷大度，能不能讓您的俘虜喝足了水後再處死啊？」

國王點了點頭答應，示意侍衛端一碗水給他，霍爾接過水後，立即將碗湊到嘴邊作勢要喝。

但是他只將碗放在嘴邊，卻沒有飲用，反而以十分驚恐的眼神環顧四周。準備行刑的士兵怒斥道：「你爲什麼不喝？」

只見霍爾竟渾身發抖起來，接著還以十分驚懼的聲音說：「我聽說……我聽說，你們這些人非常兇殘且不懂天理，我擔心當我正在品味這碗最後的清水時，會有人舉刀殺死我。」

國王聽見霍爾的擔心後，立即安慰他說：「你放心吧！沒有人會動你。」

霍爾一聽，連忙請求道：「眞的嗎？國王您能不能給我一個保證，讓我安心地品嚐這碗水？」

阿拉伯國王舉起了手，說道：「我以眞主的名義發誓，在你沒喝下這碗水之前，沒有人能傷害你。」

沒想到，國王一說完，霍爾竟毫不遲疑地將這碗水潑灑到地上。

「混帳！你這什麼態度啊！我好心給你喝水，你竟然不領情，來人啊，立即將他推出斬首！」國王厲聲喝道。

這時，霍爾竟平心靜氣地問國王：「等等，國王陛下，您剛才不是莊嚴地向眞主發誓，保證不會讓我受到傷害嗎？」

國王聽了，大聲地解釋道：「我只是保證，在你沒喝下那碗水之前，誰也不能傷害你！」

這時，聰明的霍爾滿臉微笑地說：「陛下，您說得沒錯，您也看見了，我並沒喝下『這碗水』啊！而且我再也喝不到『這碗水』了，因爲它已經滋潤了您的土地，所以陛下要履行您身爲君王的誓言啊！」

國王一聽，這才恍然大悟自己上當了，最後只好釋放了霍爾。

面對小人之時，冷靜與機智是求生的兩大支柱。就像故事中的霍爾，如果他無法冷靜情緒，恐怕很難表現出如此聰穎的機智，相對的，即使能冷靜情緒，要是累積的智慧不足，恐怕也無法營造出化險爲夷的結局。

冷靜與機智的養成必須雙管齊下，除了培養靈活的應變能力之外，更要建立起對自己處事能力的自信，然後才能在冷靜、機智的絕佳狀態中，輕鬆地解決別人認爲已經回天乏術的難題。

遇到壞人，能不能扭轉劣勢，在於我們的心中是否有改變的實力與勇氣。未來是生機無限還是一片灰暗，決定權從來都在我們的手中，只要我們能保持冷靜，相信自己的處事智慧，那麼最後的結果終將超乎人們的想像與預言。

無端被「捧上天」，準沒好事

被高高捧起，重重摔下，箇中滋味恐怕只有當事者才能點滴在心頭。有些遲鈍的受害者甚至被賣了，都還要感謝人家！

人在家中坐，「小人」天上來，的確是件令人跳腳的事。

不要說你與人無冤無仇，也不惹是生非，爲何還會「犯小人」？因爲，小人要弄的最好對象，就是你這種看起來誠實可欺的人，對於那些「老江湖」，他恐怕還惹不起呢！

小人專挑「軟的」下手，這就是小人之所以被稱做小人的原因。

當然，小人也非全是小角色，有些小人中的高手，特別可以稱之爲奸邪。這些企圖心旺盛、段數高超的小人，高來高去，專挑礙眼的人下手。這在官場的鬥爭中，最容易看到，以下就是一個高手過招的故事。

唐朝德宗時，有位人醜、心更醜的宰相叫做盧杞，因爲一向與尚書李揆不對眼，所以老想找機會整整他。有一次，剛好有個與塞外異族國家簽定盟約的機會，盧杞便假好心，向德宗推薦李揆德高望重，是最佳人選。

背後人稱「老狐狸」的李揆，雖然人老，腦子卻一點也不老，知道這不是個好差事，而且也很清楚，這是盧杞衝著他來的。尤其以他的身體狀況，如果不加以推辭，說不定就會死在路途之中，再也回不來。

所以，他就很慎重地向德宗表明，路途艱險，他年老體衰，恐怕無法達成任務。德宗也體恤李揆年紀老大，實在不太適宜遠行奔波，所以也沒加以爲難。

但盧杞見詭計不能得逞，馬上又加油添醋地說：「簽定盟約是件何等重要的事，非得派選一位善於應對的大臣不可。看今日朝中，惟有李揆是不二人選，而且，假如李尚書以這把年紀，還願意如此爲朝廷賣命，對朝中年輕一輩的文武百官，更有示範的作用。」

李揆看推也推不掉了，只好硬著頭皮答應。

「僞善」是小人最常見的面貌，恭維則是最常用的武器。以善意包裝惡意，最能模糊他人的耳目，特別是不相干或不知情的第三者，最後形成被設計者被孤立的狀態，被高高捧起，重重摔下，箇中滋味恐怕只有當事者，才能點滴在心頭。

有些遲鈍的受害者，甚至被賣了，都還要感謝人家！

在這個故事之中，李揆當然深知盧杞不懷好意，但是卻反擊無力，最後只有認栽。這也說明了小人之所以能夠得逞，一是因爲公理縮手，沒有人願意伸出援手；另一情況則是，受害者本身也不是什麼好東西，大家等著看笑話。

看來，想要反擊小人，平日恐怕得多廣結善緣才行。

換個讓自己舒服的想法

不管別人對你做了什麼，你的情緒都掌握在你自己的手上。換個讓自己舒服的想法，把所有的不愉快一次清光光吧！

你感到悶悶不樂？你感到諸事不順？你感到那個人的話刺傷了你？你感到背後有一雙惡意的眼睛一直在盯著你？

是的，人的感覺不可抹滅，你感覺到什麼，就是什麼。但重點是，你要如何去解讀這些感覺？

你要怎麼把這些不愉快的感覺轉換成愉快的想法？

記住，感覺是別人給的，但是，想法卻是自己創造的。

有個官員精力充沛，對生育之事特別在行，膝下子孫成群結隊，三代同堂生活得好不熱鬧。

但是，他的一位同僚命運恰恰與他相反，已經成婚多年了，卻仍在爲生不出子嗣而發愁。

別人的不幸，正好襯托出自己的幸運；別人的失敗，正好反映出自己的成就。這名官員趁機對著同僚炫耀道：「你這個人啊，不是我說你，連個兒子也生不出，眞是一點本事也沒有。你看看我，多好福氣啊，生了這麼多子孫，房子都快要裝不下了！」

同僚聽了，並不以爲意，只幽默地回敬道：「生兒子，是你的本事；生孫子，可就不是你的本事了。」

簡單的一句話就化解了尷尬的場面。聽到這番對答的人無不大笑，讚揚這位同僚的幽默與智慧。

潛能開發專家馬修史維曾說：「每一件事情都是從想法開始，所謂的真相，其實只是你個人對事情的解釋。」

別人可以踩你、罵你、嘲笑你，但是眞正可以傷害你的，只有你自己。

他污衊你，你可以選擇不相信。

他譏笑你，你可以選擇不理會。

他吃定你，你聳聳肩、笑一笑，慶幸自己還有便宜讓別人佔。

說得更明白一點，不管別人對你做了什麼，你的情緒都掌握在你自己的手上。既然那個人、那件事讓你感覺很不舒服，那就換個讓自己舒服的想法，把所有的不愉快一次清光光吧！

誇大其詞可以使小人原形畢露

只要你肯花心思，活用一些技巧，就不會因為受制於這些小人而大傷腦筋。

法國文豪雨果在他的著作《鐵面人》中，曾經這麼譏諷地寫道：「天底下最可憐的笨蛋，是那些從來不懷疑別人可能言行不一，而對別人所說的話一味地信以為真的人。」

實話實說當然是一種美德，但是，當你急於摸清一個人的眞實樣貌，或是一件事情的眞相，單刀直入不一定有效。

這時，你就必須懂得「誇大其詞」。

法國的寓言故事作家兼詩人拉封丹，非常喜歡吃馬鈴薯。

有一天，僕人爲他端來了一個剛出爐的馬鈴薯，拉封丹卻嫌馬鈴薯太燙，於是把它先放在飯廳的壁爐上待涼，便起身去辦別的事情了。

可是，等拉封丹回來時，馬鈴薯卻不見了，他想起僕人好像曾經去過飯廳，便猜想，一定是僕人把它給吃了。

於是，他大聲地呼喊：「喔！我的天！是誰吃了我的馬鈴薯？」

「不是我。」那個僕人回答說。

「那我就放心了。」拉封丹裝出一副放心的模樣，鬆了一口氣。

「爲什麼這麼說？」僕人不解地問。

「因爲，我剛在馬鈴薯上加了毒藥啊！」

「不是眞的吧？我的天！你在上頭加了毒藥……那我不就中毒了！」僕人聽到後十分地驚慌。

拉封丹知道偷吃的人是誰了之後，便笑著說：「放心吧！我騙你的啦！不這麼講，我怎麼有辦法知道事情的眞相呢？」

人爲了掩飾自己的錯誤，或是基於保護自己的心理，常常不由自主編造一些謊言掩飾眞相，這時就得「引蛇出洞」。

想引蛇出洞，有時得「危言聳聽」，攻破人心的弱點，這是寓言詩人拉封丹對付狡詐小人的絕妙技巧。

日常生活也是如此，對於那些貌似忠厚的小人，有時候只要略施小技，也能使他們原形畢露。

甚至一個轉念和方法的改變，都能讓事情的另一個面貌眞實呈現，只要你肯花心思，活用一些技巧，就不會因爲受制於這些小人而大傷腦筋。

誠實，是對人最好的測試

一個誠實的人，即使能力再差也做不出什麼天大的壞事，但是一個不誠的人，就算能力再好，也絕對不會誠心誠意為你辦事！

在現代社會中，我們越來越感覺不到誠實的重要，反倒是說謊、做假的人，往往比較能佔到便宜。

然而，這只是一時的假象，說謊做假或許可以獲得暫時的利益，但最終還是會被人唾棄。誠實或許不會爲我們帶來什麼好處，但是，不誠實就一定會替我們帶來壞處。

一家大企業招聘高層人員，有一名年輕人通過重重關卡，成爲十名複試者中的其中一個。

複試由總經理貝克先生主持。當那名年輕人走進總經理辦公室時，貝克先生馬上從椅子上站了起來，先是露出疑惑的神色說：「是你？你是……」

接著，他露出又驚又喜的表情，主動走上前去握住那位年輕人的手：「原來是你！你知道嗎？我找你找了很長時間了！」

說完，他激動地轉過身去，向其他幾名面試官說：「先生們，容我向你們介紹一下，這位就是我女兒的救命恩人！」

還沒等那名年輕人反應，貝克先生又一個勁地說：「好幾年前，我和我女兒去划船的時候，我女兒不幸掉進了湖裡，當時，要不是這位年輕人見義勇爲，跳進湖裡把我的女兒救起來，我還眞不敢想像會有什麼樣的下場。眞抱歉，那時候我只顧著我女兒，還沒來得及向你說聲『謝謝』……」

雖然很尷尬，但是年輕人還是抿了抿嘴唇，鼓起勇氣說：「很抱歉，我想您認錯人了，我以前從來沒有見過您，更沒救過您的女兒。」

可是，貝克先生卻絲毫聽不進年輕人的話，仍然很熱情地說：「我不可能認錯人！難道你忘記了？三年前的五月二日，就在黃石公園裡，我沒有弄錯，一定就是你！」

「不，貝克先生，我想您一定是弄錯了。」年輕人很肯定地說：「我沒有救過您的女兒，甚至根本沒有去過黃石公園。」

貝克先生看見年輕人堅定的態度，一時之間愣住了。

只是，他又忽然笑了起來，對年輕人說：「這位先生，我很欣賞你的誠實，歡迎你加入我們公司！」

年輕人順利得到了他夢寐以求的職位。

進入公司以後，有一次，年輕人好奇地問總經理秘書：「救貝克先生女兒的那個年輕人找到沒有？」

總經理秘書一時之間被問得說不出話來，等到反應過來時，立刻大聲笑了出來，回答說：「貝克先生的女兒？你知道嗎？有七名複試者就是因爲他『女兒』而被淘汰了！其實，貝克先生根本沒有女兒。」

當你不知道該用什麼標準去評價別人時，可以想想這個故事。

試問，如果一個人曾經騙過你，之後他說的話，你是否會感到懷疑？如果可以，你會不會刻意和他保持距離？

你敢把重要的事交給他做嗎？你敢把秘密說給他聽嗎？

伴隨「不誠實」的，往往就是「不信任」。人與人之間一旦缺乏信任，就不可能再有自然而眞誠的互動了。

置身在爾虞我詐的社會，當你不知道該用什麼標準評價別人，而苦惱不已時，只需要去評斷這個人是否誠實。

一個誠實的人，即使能力再差也做不出什麼天大的壞事，但是一個不誠實的人，就算能力再好，也絕對不會誠心誠意地爲你辦事！

04 用點腦筋，就能擺脱小人糾纏

日常生活中，每個人或多或少都有不能避免的人情壓力和煩人瑣事，為了擺脫糾纏，不動動腦袋想計謀是不行的。

與其強迫威逼，不如投其所好

溝通有很多種方法，我們可以用不傷人的方式，或旁敲側擊的暗喻來表達，只要懂得延伸和變通，事情就能有更完美的結果。

法國哲學家拉布呂耶爾說：「與其令對方服從我們，不如我們附和對方更為便捷而且有益。」

沒有人不喜歡對自己有益的事情，因此，附和對方的喜好，然後找出雙方的共同點，就會使交涉更加便捷，更有益處。

很多時候，與其強迫威逼，不如投其所好來得有效，想要獲得成功，就必須懂得解讀別人的心理需求，明瞭對方要的是什麼，尤其是面對小人，這套心理作戰方式更加重要。

有一次，名作家愛默生爲了把一頭小母牛趕進牛欄，費盡了力氣都無法完成。他的兒子愛德華見狀，便用一隻胳膊摟住牛的脖子，而愛默生則在後面推，沒想到們越用力，小母牛越不願移動。

父子倆爲了這頭母累得面紅耳赤、滿頭是汗，全身都沾滿了牛糞，簡直氣瘋了。這時，有位愛爾蘭小女孩路過，看到這個景象，便在一旁開心地大笑，只見她走了過來，把一個手指伸進小母牛的嘴裡，溫柔地拍著牛背，就這麼輕鬆簡單地讓小母牛乖乖走進了牛欄。

愛默生看到這情景後，陷入了沈思，還把此事記入他的手記中。

另外，有一個關於邁克爾．費羅迪發明第一架電動機的軼聞。

費羅迪發明了電動機後，爲了讓英國首相威廉對他的發明感興趣，並給予支持，於是帶著原始模型——「一塊磁鐵，上面繞著一些電線」去找首相。

他給首相看了模型的操作，並講解其中深奧的原理，可是，在他解說的時候，首相卻始終提不起興趣。

「使用它有什麼好處呢？」首相不耐煩地問費羅迪。

「當然有好處，有一天，你可以從它的身上增加許多稅收。」這位科學家靈機一動地回答道。

首相一聽到可以增加許多稅收，馬上對他的發明表示認可，並且給予他很大的支持。

我們所遭遇的人，可能比我們想像中正直，也可能比想像中陰險，倘未摸清對方的人格特質與心理需求，就採取直來直往的應對方式，試圖與對方較勁，或者「以理服人」，其實是相當危險的。

結果不是徒勞無功，便是讓自己碰得鼻青臉腫。與其如此，倒不如旁敲側擊，以「投其所好」的方式應對或說服。

想要說服別人，尤其是滿身是牛脾氣的人，就必須先了解他們對什麼事最感興趣，進而順勢引導，才能獲取成功。

其實，以他們最感興趣的事物作誘引，並不是迎合拍馬，而是一種不得不然的溝通技巧，那只是一種輔助的方式，與你的終極目標完全沒有衝突，你的人生方向也絲毫不受影響。

溝通有很多種方法，我們可以用不傷人的方式，或旁敲側擊的暗喻來表達，只要懂得延伸和變通，事情就能有更完美的結果。

看懂人性心理，機會就多一些

只要了解對方的心理，就能讓我們能預做準備，即使狀況百出，也都能逢凶化吉，迎刃而解。

英國作家塞繆爾．約翰遜曾說：「有些人外表看起來天性純良，也常使自己和別人愉快，目的不外是為了博取別人信任。」

沒辦法，人性最大弱點就是習慣相信那些看起來誠實善良的人！正因爲如此，才會讓那些貌似忠厚的人有機會暗中使壞。

懂得人性心理，不僅可以讓自己多一點保障，更能讓我們在爭取勝利時，比別人多一半的勝出機會。

一個剛收完帳款的商人，臨時被通知要到外地去洽商，但是手上的一大筆錢，實在不方便帶在身上。最後，他決定把錢藏在一個被公認爲品行忠厚的老人家屋外，在那兒挖了一個洞，把錢藏在裡頭。

當商人在挖洞藏錢時，老人從窗口看見了，令人意想不到的是，他在商人離開後，便立即把錢全部偷走。

幾天之後，商人回來了，發現錢不翼而飛，著急得不知道要如何是好。只見他煩惱地走進老人的屋內，向他請教：「先生，我有件事想請教你。」

老人回答：「說吧！」

商人誠懇地說：「我是來這裡採購的商人，之前我帶來了兩袋錢，一個裝有六百塊金幣，另一個則放了一千塊錢幣。因爲我在這裡舉目無親，也找不到可以信任的人代我保管，所以我把那袋六百塊金幣，埋在一個不爲人知的地方。但是，現在我卻不知道要不要把另一袋錢藏在相同的地方，還是再找一個地方埋藏，又或是找個誠實的人代爲保管。」

老人冷靜地說：「嗯！你想聽我的意見？最好別將錢交給人家保管，我想，你還是藏到你第一個藏寶的地方吧！」

商人滿臉感謝地說：「謝謝，我一定照你的話去做。」

商人一離開，老人便開心地想：「如果他將第二袋錢送到老地方埋藏時，發現原來的那袋錢不見了，那他就不會把第二袋藏在那裡了！嗯！我還是快點把第一袋錢放回原處，這麼一來，這個天下第一號傻瓜就會把第二袋錢藏在那裡，而我就可以將兩袋錢統統弄到手囉！」

於是，老人立即將偷來的錢放回原處。

至於商人，他也正在盤算著：「如果眞是這個老人偷的，那麼他肯定會爲了拿到第二袋錢，把第一袋錢再放回原處，企圖誤導我。」

於是，商人回到藏錢的地方，果然看到失而復得的錢袋，高興地喊著：「好心的人啊！感謝您把東西送還給我！」

中國有句諺語說：「見人說人話，見鬼說鬼話。」

這句話雖然是一句貶人的話，但卻被熟諳權謀的人奉爲「葵花寶典」。

因爲，在險詐的人際社會，懂得「見人說人話，見鬼說鬼話」，無疑是保護自己權益的一種有效方法。

就像故事中的老人一樣，在這個爾虞我詐的社會裡，許多看似忠厚的人，其實並不像我們認知的那樣善良，也經常受物質慾望的誘惑，一個人如果不具備臨機應變的本領，就無法讓自己在現實環境中左右逢源，也不可能有失而復得的機會。

像似諜對諜的兩個人，其實同樣以心理戰術來較量，只是，老人家看得見埋藏金幣的地點，卻看不見埋藏在商人心中的計謀，當他開心地以爲，可以再次騙得金錢的時候，卻同時也落入了商人的圈套中，讓錢包「物歸原主」。

這正是善良人必須具備的處世要訣，只要了解對方的心理，就能讓我們能預做準備，即使狀況百出，也都能逢凶化吉，迎刃而解。

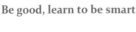

用點腦筋，就能擺脫小人糾纏

日常生活中，每個人或多或少都有不能避免的人情壓力和煩人瑣事，為了擺脫糾纏，不動動腦袋想計謀是不行的。

維吾爾族有句諺語說：「有駱駝大的身體，不如有鈕釦大的智慧。」

這句話告訴我們，沒有智慧的蠻力，根本毫無價值可言，換言之，只要你懂得運用智慧，那麼你將會恍然發現，有時候，看不見的「智力」要比看得見的「武力」更可以發揮料想不到的作用。

有一天，林肯總統因生病住進了醫院，但仍然有不少人爲了求得一官半職，來到他的病床前不停地嘮叨。雖然他們把林肯和醫生都煩得心情很差，但是礙於禮儀，又不便硬將他們轟走。

又有一次，一個令人討厭的傢伙正要坐下來跟總統長談一番時，醫生剛好走了進來。林肯於是伸出雙手問道：「醫生，我手上這些疙瘩是怎麼回事？」

醫生說：「這是假天花吧！不過，也可能是輕度天花。」

林肯問道：「那麼，我全身都長滿了這些東西，這種病會傳染吧？」

醫生說：「是，傳染性確實很強。」

這時候，坐在一旁的客人，立刻站了起來，大聲說：「哦，總統先生，我只是順道來探望您，希望您早日康復，我有事要先走了。」

「啊，別急著走嘛，先生！」林肯開心地說。

客人趕緊說：「以後有空我會再來拜訪的，以後再來……」一邊說，一邊急忙地往門外跑出去。

等那個人走遠，林肯這才高興地說：「現在，我終於有時間，看看那些客人送的好東西了。」

這是非常有趣的小故事，充分表現了林肯總統的機智，以及他和幕僚人員之間的默契。

日常生活中，每個人或多或少都有不能避免的人情壓力和煩人瑣事，爲了擺脫糾纏，不動動腦袋想計謀是不行的。

我們時常爲了這些小事而困擾不已，在衡量面子、身份，或怕得罪別人之餘，常常必須按捺著情緒接受對方的疲勞轟炸，然後再找機會發洩或抱怨。

不過，一味隱忍，事情永遠也無法解決，而你永遠也只能抱怨。學學林肯總統應付小人的智慧吧！

動動你的大腦，每一件事都會有他的解決方法和技巧，只要你多動動腦筋，一定會想出兩全其美的好方法。

幽默感能把大事化小

學會以幽默的態度面對事情，大事往往能化作小事，用幽默來解決事情，再尷尬的場面也能變得輕鬆自在。

希爾泰說：「動不動就生氣的人，只會突顯他無法駕馭自己的幼稚。」

因爲，一個成熟有智慧的人，並不會動不動就用生氣來解決問題，而是會用機智來代替生氣的幼稚行爲。

柯立芝總統擔任麻薩諸塞州參議員時，有一次，一位健談的議員發言表示支持某項議案，發言時，在每句話的開頭，他都會重複說一句：「議長先生，話是這麼說的……」

當這位議員報告完後，反對這項議案的柯立芝馬上站起來說：「發言人先生，話不是這麼說的……」

登時全場哄然大笑，而那項議案也因此被否決了。

還有一次，有兩個議員爲了某件事情，爭得面紅耳赤。

其中一位議員咒罵對方「該下地獄」，而挨罵的那位議員則是火冒三丈，拉著柯立芝要幫他主持公道。

只見柯立芝不慌不忙地說：「議員先生，您不必著急，我已經查過法典，您還用不著爲此到地獄走一趟。」

柯立芝說完了這句話，議場緊張的氣氛便緩和下來了。

歐洲有句諺語說：「生氣的時候，去踢石頭，疼的只是自己。」

一個真正有智慧的人，生氣憤怒的時候，並不會蠢到用自己的腳去踢石頭，而會用幽默的方式表達自己的觀感。

機智幽默可以說是人們在社交場上所穿的最漂亮的服飾，尤其是你出糗或遭到言語攻擊，適時的機智絕對可以化解尷尬或對立的氣氛。

一句幽默的話，勝過長篇大論，如何運用幽默感來化解生活的難題，相信是許多人必須學習的課程。

學會以幽默的態度面對事情，大事往往能化作小事，用幽默來解決事情，再尷尬的場面也能變得輕鬆自在。

適當設防才不會上當

常常站在別人立場替對方想，不僅是種體貼的行為，同時也是一種很好的自我保護方式！

古人有句話：「害人之心不可有，防人之心不可無。」

人心隔肚皮，若非經過長時間的相處，加深對對方的認識，單憑外貌根本無法決定一個人是否可信。

前不久，報上刊載一名長相忠厚老實的女性到處應徵工作，假借應徵之名伺機偷竊老闆的錢財。這樣的社會現象代表著人性的黑暗面越來越讓人心驚膽顫，只有適當地設防，才不會讓自己一再上當。

有個老婆婆爬山爬累了，便在一棵大樹下休憩。

猛地冒出一隻巨大的熊，影子籠罩住老婆婆頭頂，她一驚，馬上彈跳開來，熊也不遲疑地直撲過來。

老婆婆繞著樹逃跑，跟這隻熊轉了幾個圈子，僵持不下，於是熊改變方式，將一隻爪子抓住樹幹，用另一隻爪子繞過來抓老婆婆。

老婆婆急中生智，抓住熊的兩個爪子按在樹上，人熊就此僵持了好一陣子。後來，出現一個獵人，看到這種驚險畫面，震驚地呆立一旁。

老婆婆見機不可失，馬上虛情假意地說：「你幫我抓住這隻熊，我們合力把牠殺了，分了牠的皮毛如何？」

獵人不疑有他地接過手，替老婆婆將熊爪按在樹上。

老婆婆一騰出手來，轉身就跑，頭也不回地把獵人人留在那裡。

詐騙集團日益猖獗，利用的手法不外乎人性的弱點——貪求名利。如果人不貪圖不勞而獲的財物，不爲浮華不實的職稱所迷惑，不走巧徑，不希冀一步登天的速成，詐騙集團就無縫可鑽，無從下手。

伯恩斯坦曾說：「設身處地從別人的觀點去看事情，才能真正了解別人。」考量事情要從多方著手，試著站在眞誠關心自己的親友角度，我們便能了解對方的苦心；同樣的，若是站在設計陷害自己的騙徒角度，便能發覺種種不合理的破綻。

常常站在別人立場替對方想，不僅是種體貼的行爲，同時也可以是一種很好的自我保護方式呢！

陌生人不一定都是壞人

沒有一條定律能告訴你該如何面對陌生人。我們必須要從經驗當中汲取教訓，但是也不應該一味相信經驗而忽略了事實。

相信陌生人，你可能得到一個朋友，也可能多了一個仇敵。

不相信陌生人，你也可能錯失一個朋友，或是少了一個仇敵。

但是，沒有一個陌生人能夠讓你懂得分辨誰是朋友、誰是仇敵，能夠教會你這一點的，唯有經驗而已。

有一天，小明發現家裡的米缸沒有米了，便拿著剛從河裡抓起來的魚，打算到岳母家換一點米。

夏日炎炎，路途迢迢，小明越走越感到手裡的魚很沉重，索性坐在路邊，無奈地對著那一條條的魚唉聲嘆氣。

一名路人見了覺得好笑，對他開玩笑說：「傻瓜，你何必把魚提著走呢？你將魚放到河裡，讓牠們自己走，等到家的時候再叫牠們上來就行啦！」

小明聽了，覺得有理，便把那一大群魚統統放回河裡去。

就這樣，小明輕輕鬆鬆地來到了岳母家，對岳母說聲「我拿我家的魚換妳家的米」，就匆匆忙忙地跑到河邊去，想要把剛才放到河裡的魚找回來。

豈知他等了老半天，河裡連一條魚的影子也沒有。小明別無他法，只好空著雙手回到岳母家去。

岳母知道他錯信了路人的話，於是再三告誡他說：「小明，你要記住，不管陌生人說什麼，你都千萬不可以相信呀！」

吃過午飯之後，小明扛起岳母送給他的一袋米，高高興興地回家。一路上，他謹記岳母的教誨，誰也不搭理。

只是，他走著走著，竟然不小心被路上的石塊絆倒，米袋讓路旁的小樹枝劃了一個洞，他卻渾然無所覺，爬起來就繼續往前走。

一名路人看見他袋子裡的米不停地從那個小洞漏出來，好心地告訴他說：「喂，你的米灑啦！」

小明只當他是在唱歌，頭也不回，便加緊腳步越走越快。

他在心裡得意地想：「哼，這一回，任何人都騙不倒我啦！」

想不到他還沒有回到家裡，那袋米早就已經沿路漏光了。

陌生人有三種：一種是不理你的陌生人，一種是想害你的陌生人，另外一種，則是會幫助你的陌生人。

在還沒有徹底了解一個人之前，誰能夠評判對方是哪一種人？我們不能以貌取人，更加不能夠用過去的經驗將所有人一視同仁，我們只能儘量去感受、去相信，同時，也儘量放聰明一點！

在這個人心叵測的時代，做人做事要多一點心眼，更要懂活用自己的腦袋。如果你總是把腦袋放在口袋，說好聽一點的是「淳樸老實」，說難聽一點的就是「愚蠢無知」。

沒有一條定律能夠概括的告訴你該如何面對陌生人。我們必須要從經驗當中汲取教訓，但是也不應該一味相信經驗而忽略了眼前的事實。

換句話說，我們雖然不能過於盲目，但也不須太過多疑，如此，才不會誤信小人而又錯怪了好人。

濫用愛心，只會變成濫好人

懂得感恩，也懂得付出的人，才能擁有心靈的滿足；不懂感恩的人，就算擁有再多東西，心裡依舊一貧如洗，與乞丐無異。

人生的道路上，我們曾受人幫助，也曾拉過別人一把。想想看，有沒有哪個人，是你忘了說聲「謝謝」的呢？人生的圓滿，其實就從感恩開始。

某個小鎮有一個乞丐，雙腿殘疾，骨瘦如柴，看起來十分可憐，路人經過他身前時，總會出於同情，向他面前的杯子裡投幾塊零錢。其中，有個好心的人，見乞丐行動不便，又乏人照顧，因此每個禮拜都會送給他五百塊錢，不分晴雨寒暑，數年如一日。

後來，這位好心的先生結婚生子了，家裡的開支一下子增加了很多，小孩的奶粉錢、醫療費用累積起來，也是一筆不小的開銷。

不過，生活雖然變得拮据，好心的先生仍不忘記救助他人，只是周濟乞丐的錢不若以往，一個星期只能給兩三百塊。金額減少，令乞丐若有所失，連說「謝謝」的聲音也變小了。

又過了幾年，這位好心的先生因爲經商失敗，收入短少了許多。雖然自己的生活已經不如過去般富裕了，但這位先生依然本著濟弱扶貧的精神，打算每個禮拜周濟乞丐一百塊錢，聊表一下心意。

沒想到，乞丐毫不領情，把那一百塊鈔票擲回來，滿臉不悅地說：「這點錢哪裡夠用？」

這個舉動讓好心的先生有些不好意思，連忙解釋道：「我現在生意不順利，手頭沒有以前闊綽，孩子也一天天長大，家裡的負擔增加了，所以沒有辦法像以前給得那麼多了。」

乞丐聽了不僅沒有一絲諒解，反而氣憤地說：「你怎麼可以把要給我的錢，拿去養家活口呢？」

英國作家湯瑪斯·富勒曾經寫道：「對別人始終處於信任狀態的人，是小人最喜歡算計的對象。」

爲人處世應該以寬厚爲本，但是，寬厚過了頭就會變成濫好人，如果你不想被生活中那些厚顏無恥的小人暗算，就千萬別濫用自己的信任和愛心。

看了這則故事，你也許也會爲這位善心人士打抱不平吧？好心出手相助反而受人唾罵，這名乞丐眞是不知好歹！

然而，在現實生活中，有很多人，也像這名乞丐一樣，不斷地接受別人的恩惠，日子久了，就視一切爲理所當然，非但不心存感激，反而恩將仇報，糟蹋了別人的一番好意。

其實，面對這種人，不必和他一般見識，像這種只知乞討、不知感恩的人，只是既可憐又可悲的傢伙，註定要一輩子當乞丐。

我們兩手空空來到世上，就算有了一點成就，也多來自於別人的幫助，懂得感恩，也懂得付出的人，才能擁有心靈的滿足；不懂感恩的人，就算擁有再多東西，心裡依舊一貧如洗，與乞丐無異。

別人的危機，就是你成功的契機

等到自己期望的條件出現之後，才挺身而出，如此一來不但達到了自己的目的，也為自己博得了好名聲，可以說是一舉兩得。

柯林斯曾經寫道：「愚人常把成功看得太容易而失敗，智者常把成功看得太困難，而一事無成。」

其實，想要成功，不一定要吃苦，重點在於你能否利用別人沒有抓住的時間，抓住別人沒有發現的訣竅，發現別人沒有看見的機會。

古今歷史上有很多知名的成功人士，他們成功的關鍵，往往都是因爲危機的發生。這些危機有大有小，不論是小至個人，或大至團體的危機，總會有人因爲看得到危機中潛藏的機會，而在適當的時間點讓自己脫穎而出。

因此，危機對一般人而言也許是混亂、麻煩的代名詞，但是，對某些人而言，卻是讓他們反敗爲勝或是一舉成功的大好機會。

古希臘流傳著一則這樣的神話。

庇比斯城的居民，因爲得罪了衆神之王宙斯，宙斯爲了懲罰庇比斯城的居民，因此降下一個名叫斯芬克司的女妖。

斯芬克司背上長著翅膀，是一個人面獸身的食人妖怪，顧守在庇比斯城的城門口，凡是經過城門的人，都必須回答她出的謎語：「什麼東西是早上用四隻腳走路，中午變成兩隻腳走路，到了晚上又用三隻腳走路；在一切的生物之中，是唯一會使用不同數量的腳行走的生物？而且腳的數量最多的時候，卻是這種生物速度和力量最弱的時候。」

凡是沒有猜對這個謎語的人，就會立刻被斯芬克司吃掉。

因此，整個庇比斯城的人都陷入了恐懼之中，爲了抵抗這個女妖，庇比斯國王貼出了告示，上面寫著，只要有人能解開斯芬克司女妖的謎語，國王就會讓位，讓解開謎語的人成爲庇比斯城的新國王。

告示一貼出來，就有一個叫做俄狄浦斯的年輕人決定前去挑戰斯芬克司的謎語。俄狄浦斯來到城門口，對斯芬克司說道：「如果我答錯了，我知道妳會把我吃掉，但是，如果我答對了呢？」

斯芬克司輕蔑地看了俄狄浦斯一眼，認爲他沒這個本事，便回答說：「如果你答得出來，我就從山崖上跳下去！」

俄狄浦斯聽完，馬上回答：「答案是人！人在生命剛開始的時候，是只會在地上爬行的嬰兒，而且是速度和力量都最弱的時候。到了生命的中期，人便學會了如何用兩隻腳走路，到了生命的後期，體力衰退，雙腿需要拐杖來扶持支撐，因此枴杖就成爲第三隻腳。」

斯芬克司見謎語被猜中，大叫一聲，就從高聳的山崖上跳下去摔死。而解救了整個庇比斯城的俄狄浦斯，便順理成章成爲庇比斯的新國王。

你也許會覺得很奇怪，既然俄狄浦斯知道答案，爲什麼不在一開始的時候就說出來，化解大家的危機呢？

這就是俄狄浦斯聰明的地方。他等到自己期望的條件出現之後，才願意挺身而出，如此一來不但達到了自己的目的，也爲自己博得了好名聲，可以說是一舉兩得。

要是你只以一種角度來看待危機的話，就會因此錯過許多大好機會。

當危機出現的時候，先別急著驚慌，冷靜的嘗試由不同的角度去觀察，等到了解來龍去脈之後，也許就能從中找出適合自己切入的位置，讓自己異軍突起。

如果你不只看到危機的負面影響，也看到其中可以運用的契機，那麼，對你而言，你已經達到了成功的百分之五十。

用寬容的心胸進行溝通

只要我們願意以寬容且豁達的心胸，敞開閉塞的都市生活態度，那麼接下來所迎接的人際關係，一定會是我們所渴望的尊重與關懷。

人與人之間永遠離不開真誠與坦率，只要我們能時常站在對方的立場著想，並以寬容豁達的心態來做交流，生活便不會再出現那麼多的紛爭與誤會。

所以，希望得到別人尊重，別忘了先要求自己。從自己開始，主動去尊重別人；如果，你想獲得別人的體諒，那麼你就不能忘了給對方一份真誠的體貼。

格雷．史潘斯是美國相當著名的律師，許多棘手的官司都讓他打贏了。

他常說：「我的成功秘訣是，善於溝通人與人之間的感情。」

曾經有人問他，要怎樣才能學會這一點？

沒想到，他的回答竟是：「崇高的智慧並不難得，我從未在任何名人或達官貴人身上獲得利益。我的老師其實是我飼養的那條狗，我從牠身上學到的東西，超過了我所閱讀過的經典著作。」

當大家聽見他的成功秘訣竟來自於他的狗時，無不吃驚地問：「狗？」

格雷．史潘斯微笑地點了點頭：「沒錯，是我家那條狗。其實，牠的智慧，表現在牠從不掩飾自己的態度上，當牠需要我的愛撫時，絕不會板起臉孔待在牆角，更不會裝模作樣地表現牠的需要。牠只會直接把頭放在我的腿上，然後努力地搖動著尾巴，並親切地望著我，等待著我的愛撫。」

格雷．史潘斯說到這裡時，看見更多困惑的臉龐。

這時他停頓了一下，才接著說：「在待人處事上，我們不也應當如此嗎？如果你期待別人的愛，請率眞地表達出你的需要；如果，我們想獲得別人的尊敬和信任，那麼我們便不可以裝模作樣地掩飾自己，一切都要誠實以對，坦然面對，特別是在與他人溝通時，我們要先敞開自己的心胸，丟開自我的本位主義。如此，我們便能與人溝通無礙，生活也一定會變得更加順暢。」

在時常被好朋友傷害的社會中，眞誠坦率，對於習慣談論人性狡詐的現代人來說，簡直是緣木求魚。

不過，無論我們多麼失望，也不應該絕望，因爲，就像格雷．史潘斯說的：「如果你期待別人的愛，那麼就應該率眞地表達出來！」

換句話說，我們不應該苦苦等候人們的回應，而是要主動出擊，從我們自己身上開始。就像直接且坦白的小狗一般，主動與人和善，發自內心地與人誠懇交流，很快地，我們便會得到相同的溫暖回應。

戴爾・卡耐基曾在《人性的弱點》裡說：「與人交往，待人以至誠，才能換取真摯的友誼。」

以誠待人，是人與人之間交往的根本，唯有如此，在關鍵時刻才能獲得真摯的幫助。

其實，人與人之間的溝通並不難，無論社會存在了多少黑暗面，無論人性裡存有著多少險惡，只要我們願意以寬容且豁達的心胸，敞開閉塞的都市生活態度，那麼接下來我們所迎接的人際關係，一定會是我們所渴望的尊重與關懷。

05

懂得察言觀色，就不必巧言令色

善於利用語言，並不是代表做人就要巧言令色，而是要提高與人和諧相處、完善溝通的能力。

精神鬆懈，機密就可能外洩

當我們在處理任何訊息時，不管是傳達或者接收，都要經過大腦判斷，以防有心人士利用自己來散佈謠言。

情報是任何戰場上決勝負的重要訊息，倘若落入敵人手中，就會成爲摧毀己方計劃的致命武器。

在電影、電視劇裡，主角總是「意外」在洗手間裡得到重要的消息，才能反敗爲勝，一舉打敗敵手。其實，這樣的情節不只是影片中才會出現，現實生活裡，這樣的事情也不少。

說者無心，聽者有意。必須留意，接收訊息的對象或「被迫」接受訊息的對象，都有可能「背叛」你，將你所說的一切透露給最不能知道的那個人。所以，在任何時刻，說話都要小心。

一九四四年的秋天，史達林邀請英國首相邱吉爾和外交大臣安東尼．艾登到莫斯科訪問。爲表示由衷歡迎，史達林在莫斯科大劇院舉行盛大文藝晚會來招待邱吉爾和艾登，安排的許多節目既精采又豐富，讓兩人目不暇給。

中場休息時，史達林請邱吉爾和艾登到休息室飲茶。席間，他們三人談笑風生，氣氛頗爲融洽。

喝完了茶，邱吉爾和艾登邊走邊聊，來到了盥洗間。這時，邱吉爾突然心血來潮，想出了一個可以幫助波蘭政府解決人民流亡倫敦問題的新點子。

邱吉爾對於這個想法異常興奮，不僅滔滔不絕地向艾登說明這辦法的相關步驟，還當場沙盤演練起來。直到艾登怕史達林和觀眾等太久，再三提醒邱吉爾，才阻止了他繼續發表。

他們一起回到包廂時，史達林和熱情的蘇聯觀眾們仍陪同他們觀看演出，沒有什麼特別的反應。

隔了幾天，史達林又邀請邱吉爾和艾登到他家共進晚餐。他們抵達時，史達林已經在門口熱情迎接。他們一起穿過一個小小的前廳，當兩人正在欣賞室內景觀設計時，史達林突然指著屋角的一扇木雕門對邱吉爾說：「這裡是洗手間，如果你們想洗手的話，可以在這兒洗手。我知道你們英國人喜歡在這種地方討論政治問題。」

邱吉爾和艾登聽了都很不好意思，這時候他們才知道原來在莫斯科大劇院的洗手間裡安裝了竊聽器，他們的談話都被蘇聯人聽到了。

連足智多謀的邱吉爾，都會犯下如此嚴重的錯誤，萬一討論的話題是攸關國家安全的機密，那後果可就不堪設想了。況且，不管討論的內容重不重要，對史達林而言都是一件失禮的行爲。

廁所常常是小道消息的來源，因爲人們在內急「解放」之後，精神往往也跟著鬆懈，不自覺地就會將一些平常守口如瓶的消息「不小心」洩漏出來，或者是對一些人的批評，也多半會在這個時候流露。

在瞬息萬變的人生戰場上，成功與否取決於人際關係的優劣。而與人相處時所產生的風險，都是發生在讓人意想不到的地方，一個不注意，就會陷入窘境。這也表示，當我們在處理、利用任何訊息時，都必須特別小心。不管是傳達或者接收，都要經過大腦判斷，以防有心人士利用自己來散佈謠言。

不要當了爲別人提供資訊的免費軍師，還得負上洩漏秘密的責任！

吃了悶虧，不能自認倒楣

改變處世態度，即使是弱者也能威嚇他人。對於不講理的人，只有轉變態度與對方抗爭才能改變現狀。

雖然傳統教育教導我們的是凡事不斤斤計較，即使是對自己無禮、不尊重的人，也不能用同樣無禮的態度回敬。

然而，世間的人形形式式，有些人就算你不去招惹他，對他百般忍耐，他也會自己來招惹你。面對這種人，如果可以眞的做到完全不計較、不在意，那日子倒還好過；若只是自我安慰，欺騙自己毫不在乎他人如此對待，只是顯現出自己的懦弱而已。

要知道，對付「欺善怕惡」的人，最好方法就是以其人之道還治其人之身，甚至，有時候恫嚇也是一種方法。

才華出眾的德國作曲家華格納由於自視甚高，因此待人傲慢，以捉弄別人爲樂。例如，當觀眾爲他精采的創作而熱烈鼓掌時，他反而突然打斷掌聲，奚落大家說他的作品不是爲了引起狂熱，讓聽眾尷尬不已。

只要是初次慕名到他家拜訪的人，通常要在客廳裡等上很長的時間。

好不容易等到主人出現了，也要有大排場迎接他，才肯走下樓接待客人。這時，客廳的門會一下子突然全部打開，僕人站滿兩旁，好像他是一位國王，必須前呼後擁似的。

接著，他會帶著傲慢無禮的氣勢站在樓梯上，用鄙夷的眼神把客人從頭看到腳，讓人感到不舒服。

甚至他的穿著也會故意侮辱人，有時候，他穿著天鵝絨或緞子製的都鐸王朝時期的裝束，頭上戴著亨利四世戴的那種帽子，奇怪的裝扮常常讓客人覺得莫名其妙。然後，他才會解釋說，穿這種服裝是爲了培養作曲時的靈感。

有一次，大作家大仲馬懷著崇敬的心情前去拜訪華格納，沒想到也受到了同樣的待遇。大仲馬雖然不高興，仍然耐著性子謙虛地說即使自己對音樂幾乎是一無所知，也明瞭華格納所作樂曲的美妙。但是從頭到尾，華格納臉上沒有一絲笑容，根本不理會大仲馬的話。

後來，大仲馬再也忍耐不下去，就立即告辭，憤憤離開了。回到住處後，他馬上寫了一篇諷刺文章，寄到巴黎一家報社。文中寫道：「華格納的曲子是噪音，靈感來自於黑漆漆的鐵器店裡一群貓的亂蹦亂跳。」

哪知文章還未發表，華格納便到大仲馬家拜訪了。這位一向傲慢的音樂家怎麼也想不到，自己也會遭到生平第一次的漠視。他不僅在休息室裡等了半個多小時，才被僕人帶到客廳，而且連一杯水也沒喝到。

又等了很久後，大仲馬才慢吞吞地走出來，頭戴羽毛盔，身穿插著鮮花的睡衣，還帶了一隻軟木的救生圈。

「請原諒我穿著工作服，」大仲馬神氣地說：「現在我的腦子有一半在帽子裡，另一半則在長統靴裡，我正準備穿上它，寫下一段愛情故事。」

大仲馬總算以其人之道報了上次的「一箭之仇」，可說是大快人心。類似華格納這種無禮傢伙能夠一直惡形惡狀地生存下去，原因在於人們面對這種情況，常常是摸摸鼻子自認倒楣，而後無奈離開。

要知道，一旦改變處世態度，即使是弱者也能威嚇他人。

曾有個在婚姻中長期受到丈夫精神虐待的婦女，在某一次丈夫又開始欺負、嘲諷她時，突然改變以往默默承受一切的可憐相，嚴厲地加以反擊。丈夫從來沒想到「懦弱」的妻子也有這麼「強勢」的一面，從此以後再也不敢小看她了。

別讓善良成了你的致命傷！吃了悶虧不能自認倒楣，軟弱、逃避問題，是無法解決事情的。對於不講理的人，只有轉變態度與對方抗爭才能改變現狀。

待人接物要懂得靈活變通

雖然我們每天要面對的事情很多，但總離不開待人接物，只要能學會圓融的處世態度與方法，再麻煩的人和事都一定能輕鬆解決。

想圓融處世，獲得最後的成功並不難，難的是你不願打開心扉與那些你認定是「壞人」的人溝通。

所以，達賴喇嘛曾說：「人與人之間的重重藩籬，問題不在別人而是自己，因為這個藩籬是我們自己建的！」

曉亞在朋友的介紹下，來到一間皮鞋店工作，只是上班的第一天，她便碰上了一個非常挑剔的客人。

這位穿著十分摩登的女孩，皮鞋穿過了一雙又一雙，卻始終都不滿意，而耐心的曉亞則一直都帶著親切的笑容，未露一點慍色。

這會兒她拿來了一雙十分新潮的皮鞋，女孩穿上鞋子時，曉亞立即誇讚說：「小姐，這款式很適合妳喔！妳看，穿在妳的腳上多麼漂亮啊！」

女孩側著身，仔細地看著鏡裡的自己，接著滿意地說：「好，這雙鞋我買了，多少錢？」

「三百八十元。」曉亞親切地說。

女孩面孔依然冷冷的，然而就在她打開錢包時，眉心突然一皺：「糟了，我的錢不夠耶！我這裡只有二百五十元，這樣吧！我先付二百五十元，明天再把其他的拿來給妳，好嗎？」

曉亞一聽，連忙點頭說：「好！」接著，她拿出了單據，上面寫下了：「鞋一雙，已付二百五十元，尚欠一百三十元整。」

「麻煩您簽名一下！」曉亞將收據拿給了女孩簽名。

女孩先是一愣，接著則爽快地簽下了「施娜」二個字。

曉亞接著便將已包裝好的鞋子拿給女孩，這一切正巧被老闆看見了，他關心地走過來問曉亞：「那個人是妳朋友嗎？」

曉亞搖了搖頭：「不是，我不認識她。」

老闆一聽，臉上立即滿佈怒火，「那妳怎麼可以讓她賒帳呢？妳確定她還會來付錢嗎？」

沒想到曉亞竟笑著說：「會！因爲，那盒子裡裝的都左腳，所以她明天一定會回來換鞋！」

老闆聽見曉亞的妙計，忍不住豎起了大拇指：「聰明！」

不論是ＩＱ或是ＥＱ，曉亞都表現得十分精采，面對顧客的挑剔，仍能耐心接受並微笑以對的服務態度，當然能擄獲消費者的心。

雖然最後被別有居心的顧客擺了一道，但機智的曉亞仍然牢牢地將主控權抓在手中，反將了客人一軍。

在待人處事上，我們是否也能像曉亞一般，不論遇見什麼樣的狀況，皆能把握主導權，並能圓融且輕鬆地解決每一件事呢？

人與人之間的關聯與糾結，不管問題多麼簡單，我們都經常深陷在人事的困擾中，也讓原本簡單的事件變得越來越複雜。

千萬別輕忽了待人接物的重要性。它看似簡單，事實上卻是我們一生中是最困難的課題，許多人走過了大半人生，都還不一定懂得靈活變通。

雖然我們每天要面對的事情很多，但總離不開待人接物，只要能學會圓融的處世態度與方法，再麻煩的人和事都一定能輕鬆解決。

懂得察言觀色，就不必巧言令色

善於利用語言，並不是代表做人就要巧言令色，而是要提高與人和諧相處、完善溝通的能力。

「說話」是人與人之間溝通的重要媒介，也最能直接表達一個人的內心想法。因此，如何將話說得恰到好處，有禮貌且貼切地運用詞彙，配合聲調的傳送，就成爲一種學問。

日常生活中，我們常常不自覺使用了不當的言詞。選擇言詞是一件非常重要的事，用得不美、用得不雅，用得不恰當，就無法打動別人的內心，最後蒙受損害的也是自己。

所謂「良言一句三冬暖，惡語出口六月寒」，說好話有如口吐蓮花，聞者清香見者舒暢，這樣的話才能說到別人的心窩裡。

英國維多利亞女王在位近六十年期間，是大英帝國繁榮鼎盛時期。這位才能出眾，頗有領導力的女王嫁給了她的表哥薩克斯·科巴格·戈薩公爵的兒子阿爾巴特。阿爾巴特原本對政治不感興趣，但是在女王的潛移默化之下，特也逐漸關心起國事來，最終成了女王的得力助手。

有一次，兩個人爲了一件小事起衝突，阿爾巴特一氣之下就跑回房間，緊閉房門不肯出來。過了一會兒，女王前去敲門。

「誰？」阿爾巴特在房間裡發問。

「英國女王。」

回答完後，再也沒有任何回應，屋裡一片寂靜無聲，房門也沒有打開。維多利亞又敲了幾次，仍然沒有回應。這時候維多利亞似乎感覺到什麼，又輕輕地在門上叩了幾下。

「誰？」房裡總算又傳出一聲回應

「是您的妻子，維多利亞。」維多利亞女王溫柔地說。

這時，門開了。

普魯士國王腓特烈二世有一天去視察柏林監獄。才剛踏入監獄，一群激動的犯人們紛紛跪在他面前，申訴自己的冤枉，又不斷表明自己是如何清白無辜。只有一個人默不作聲，靜靜地站在一邊。看見他不同於其他人的反應，腓特烈好奇地問他是爲了什麼原因到這裡來。

「犯了武裝搶劫罪，陛下。」

「你認罪嗎？」

「認罪，陛下，我是罪有應得。」

聽完回答，國王向獄警招了招手說：「你過來，立即釋放這個罪犯，我不想讓他留在這裡玷污了這些清白無辜的人。」

人的類型有千百萬種，在這麼多不同型態的人裡，大致可以粗分爲「感情型」和「理論型」兩大類。

面對感情型的人，用強硬的態度相待不如訴之以情，內心敏感的他們反而容易受到感動。因爲溫柔的話語比任何權勢逼迫都還要有效，一句「您的妻子」比「英國女王」更容易召回一顆心。

與「感情型」相較，「理論型」的人就較難動之以情。不過，只要他們認爲合理的事情，大多會表示同意，例如第二個故事中的腓特烈二世。會關進監獄的人，必定犯下某些過錯，口口聲聲說自己是冤枉的、清白的，難以讓人信服，所以倒不如勇於認錯，反而讓人覺得尚有可取之處。

善於利用語言，並不是代表做人就要巧言令色，而是要提高與人和諧相處、完善溝通的能力。適當的說話方式，必定能大大提高人際關係。

做人偶爾要懂得裝傻

越聰明的人越要懂得裝傻。我們不必急著強出頭，因為前方處處都是陷阱，走慢一點無妨。

舉止言談有點樸拙沒關係，只要你知道自己並不眞的傻呆就好。做人偶爾傻一點會比較好，因爲在這個充滿狡詐的社會中，大多數人的目標只會放在那些四處展露的天才身上，對於偶爾會「凸槌」的聰明人，他們往往疏於防備。

曹操命令工匠修築一座花園，花園剛建好時，曹操親自去巡視了一下，看完之後不發一語，只便在門上留下了一個「活」字。

大家看見這個字，都摸不清頭緒，唯獨主簿楊修明白：「門內有活，不正是個『闊』字嗎？看來主公是嫌園門太闊了。」

於是，工人們立即將園門重新修過。

又有一次，塞北胡族送來了一盒酥餅，當時曹操在盒子上寫了「一合酥」，然後便把酥餅隨意地放在桌上。沒想到，他的猜謎遊戲又被楊修解出來了，只見楊修笑著對大家說：「你們把這盒餅分了吃吧！」

曹操知道後，立即召來楊修問話：「你爲什麼這麼做？」

楊修回答：「主公上面寫明了，一人一口酥，不是嗎？」

雖然楊修猜中了，但屢屢被猜中心思的曹操卻很不高興，因爲一向擔心被暗算的他，寧願身邊都是些笨蛋，也不要這麼一個比他聰明的賢能之士。

天天都擔心被害的曹操，還想了一個理由不讓侍從太靠近他：「我最近老是在夢中殺人，你們不要太靠近我，免得無辜受害。」

有一天曹操在午休時，卻故意將被子踢到地上，一位內侍見了，體貼地上前幫他蓋被，未料卻被假睡的曹操一刀殺死。

事後，曹操厚葬了這名內侍，但聰明的楊修卻說了一句「丞相非在夢中，君乃在夢中耳」，暗喻內侍的無辜與曹操的惺惺作態，這話當然令曹操十分不滿。

直到建安二十年，曹操出兵與劉備爭奪漢中時，曹軍久攻不下。一天晚飯時，曹操看見一道雞肋，隨口說出了「雞肋」二字。

當晚，曹操巡營之時，卻見軍士們居然收拾起行囊，怒斥道：「誰叫你們收拾的？」

眾軍說：「楊修大人說，主公傍晚說的雞肋指漢中食之無味，棄之可惜，所以要我們先行收拾，再等候主公您的命令。」

曹操一聽，怒不可抑，立即找來楊修，大大地斥責他一番之後，更藉機給了他擾亂軍紀的罪名，立即處斬。

當領悟力高的楊修遇上了善妒的曹操，結果令人不勝唏噓。冷靜評析，這或者正是「聰明反被聰明誤」的必然結果！

就現實情況來說，並不是每個人都能欣賞你的聰明悟性，因爲大多數人都希望能比別人強，所以越是暴露出你的聰明才智，越容易讓自己處在危險的環境中，因此智者常言：「聰明人要懂得如何隱藏鋒芒！」

一如「大智若愚」的旨意，我們不必急著展露自己的才華，偶爾要讓人們以爲我們還在落後，他們少了防備心，我們反而更有機會從劣勢中扭轉乾坤。就像故事中的楊修，他應當私下與曹操討論，不要急著出頭，甚至可以製造機會，讓所有答案都由曹操解開，這不僅能保住曹操的面子，更能讓他明哲保身。

不從權勢地位的角度探究，平凡如你我，爲了保護自己，我們都應該要懂得隱藏。畢竟，大多數自恃於聰明才智的人，四處展露自己的才能之後，結果幾乎都和楊修一般悽慘，因爲他們經常忽略了再聰明的人也會有弱點。

所以，越聰明的人越要懂得裝傻。我們不必急著強出頭，因爲前方處處都是陷阱，走慢一點無妨。既然路還很長，我們可以先看看別人怎麼走，然後再把聰明才智用在最重要的關鍵時刻。

騙得了別人，騙不了自己

當一個人的名聲是從狡詐而得來，那麼即使人們欣羨他的事業版圖，也始終對於他的人格有所保留。

莎士比亞曾經這麼寫道：「自從欺詐滲透了人性以後，嚴格講起來，人只剩下外表。」

人性最大弱點就是習慣相信那些慈眉善目、熱心幫助自己的「好人」！正因爲如此，才會讓那些衣冠楚楚的「好人」有機會大玩「仙人跳」的伎倆。

現實往往沒有想像中美好，外貌也經常和內在不相符合，千萬要提醒自己多留一些心眼，才不會老是栽在那些「金光黨」的手中。

梅里特兄弟從德國移居美國後，在密西西比成立了一間鐵礦公司。

由於這一區的礦產十分豐富，石油大王洛克菲勒對該區早已垂涎許久，但是他卻晚了梅里特兄弟一步，所以只得靜待時機了。

一八七三年，美國陷入了經濟危機之中，各家公司的財務紛紛出現狀況，其中也包括梅里特兄弟所經營的鐵礦公司。

公司財務一旦吃緊，即使礦產豐富也無力開採。就在這個時候，有位名叫勞埃德的牧師出現在他們的辦公室中，並帶來了一個好消息：「聽說你們需要幫忙，我很樂意以極低的利息讓你們借貸四十二萬元。」

「眞的嗎？眞是太感謝您了！」

梅里特兄弟沒想到有人願意伸出援手，這也讓辛苦移民到美國的兩兄弟感動不已，更讓他們確定了移居美國是正確的。

但是，兄弟倆的滿心歡喜與感動卻持續不到半年。

半年後，勞埃德牧師再次出現在梅里特家。他一踏進門便嚴肅地說：「關於那筆錢，是我向朋友洛克菲勒借的，今天早上他發了一個電報給我，要求立即索回四十二萬元的借款。」

梅里特兄弟一聽，著急地說：「可是，這四十二萬元，我們早就投資到礦產事務上了，一時間我們根本拿不出這麼多錢，再緩一陣子吧！拜託！」

但是，勞埃德牧師堅持要兩兄弟立即還錢，最後他們只得法庭上見了。

在法庭上，原告律師說：「借據上寫得非常清楚，這是依據『考爾貸款』條例所簽的合約。所謂的『考爾貸款』是指貸款人可以隨時索回貸款，所以利息低於一般的貸款。又根據美國法律，借款人可以立即還款，或是宣佈破產，二選一。」

很明顯的，這是一個陷阱，再加上剛從德國移民來的梅里特兄弟在語言上的困難，不僅當初沒有看清楚條約，如今也無法爲自己爭取權利。他們現在沒有餘力自保，這才覺醒：「原來我們被騙了。」

最後，梅里特兄弟只好宣佈破產，並將事業以五十二萬元賣給洛克菲勒。

雖說商場上爾虞我詐已成常態，然而眞正的成功者卻從不認同這樣的手段。一如投資家經常對股市投資者說的：「選擇投資的目標時，你第一個要做的功課就是好好地認識你投資對象中的大掌櫃們是否『腳踏實地』！」

換個角度說，像洛克菲勒一樣的巧取與陷害並不足取，因爲「不擇手段」恐怕已成爲他的人生污點。特別是當一個人的名聲是從狡詐而得來，那麼即使人們欣羨他的事業版圖，也始終對於他的人格有所保留。

當梅里特兄弟醒悟的那一刻，他們的遭遇眞正要警示的對象並非單純與容易受騙的人，而是那些處心機慮想巧取豪奪的人。如果有機會，他們兄弟倆必定想告訴洛克菲勒：「雖然你搶得了我們的公司，但是你也輸了自己的聲譽！」

人生確實有許多要追求的事物，但是無論我們怎麼追求，也不能以犧牲他人的方式來取得成功。因爲我們即使得到了這一切，最終也要面對自己的良心，一旦心中有愧，無論事業與財富多麼成功，我們始終也無法由衷的快樂啊！

小心那些不要臉的人

人如果不要臉，夠狠、夠毒，法律與道德的約束力，其實相當有限，不只可能顛倒是非，還能笑傲人間、得意於人群呢！

「世風日下，人心不古」這句話，如果只是隨意感嘆一下，倒也沒什麼，若要當眞，那可眞是太「輕視」古人了。

因爲，不管從歷代的官方歷史，或者稗官野史、筆記小說……等等記載看來，現代人看得到的心機智巧，或者是犯罪伎倆，古代人的「表現」事實上並不比現代人遜色。

人性是什麼？

人類自稱是「萬物之靈」，但眞能擺脫與生俱來的獸性嗎？

如果說人性其實就是原生獸性，當獸性被激發出來之後，什麼道德、法律就統統被置之腦後，也難怪人會做出種種駭人聽聞，或者是六親不認的事情來了。

明朝時，浙江中部地區有一個不肖子，不知什麼原因，痛打了他七十多歲的老父一頓，而且將老父的牙齒打掉了好幾顆。老父一氣之下，立刻拿著牙齒一狀告到官府。

這種令人髮指的逆倫情事，當然於法難容，兒子在清醒之後，才驚覺事態嚴重，於是就跑去請教一位專門幫人打官司的訟師，看有沒有辦法大事化小。

訟師起先不肯答應，但看在酬謝金不斷加碼的情面上，同意替這位不肖子想想辦法，並要他隔日再來。

第二天，不肖子到來後，訟師要他把耳朵湊過去，準備告訴他脫罪絕招，卻冷不防猛然咬下不肖子的半邊耳朵，頓時鮮血直流，把不肖子驚嚇得說不出話來。這時，訟師才說：「不要大驚小怪，這是在爲你脫罪啊！但是，你現在不能露面，要等到官府傳訊後才能出現。而且在庭上時，你一定要堅稱你父親是因爲咬你耳朵，牙齒才掉的。」

這招果然奏效，想不到，官府竟然以兒子無法咬傷自己耳朵，必然是老父張口咬兒子，才會掉落牙齒爲由，將兒子從輕發落。

以現代觀點來看，這種判決當然不可思議，畢竟至少牙痕、傷口，還有血跡反應都是可比對的，誰傷誰並不難辨明。只是，古時候的證據醫學並不發達，加上官府糊塗，因此給了不肖之徒不少脫罪空間。

這個故事當然不是在教人如何打老父，又不用負法律責任，而是透露出，人如果不要臉，夠狠、夠毒，法律與道德的約束力，其實相當有限，不只可能顛倒是非，還能笑傲人間、得意於人群呢！

人生在世，最需提防的，恐怕就是這種不要臉的人。

何苦老跟自己過不去？

過度揣測他人的心意等於折磨了自己。每個人都有不同的觀點，是褒是貶，都只是一種參考，你的重心仍然是你自己。

很多人在人前談笑自若，在人後卻鬱鬱寡歡。

「今天我是不是說錯什麼話，做錯了什麼事？不然，爲什麼別人看我的眼神和平常不太一樣？」

很多心思單純的人都會有這種患得患失的時刻，不過要先搞清楚，這樣的想法究竟是體貼別人，還是跟自己過不去？

白雲禪師原本在茶陵郁和尚的門下學習佛法，在茶陵郁和尚大悟之後，他又拜楊歧禪師爲師，希望能夠學得更博大精深的學問。

楊歧禪師聽說白雲曾在茶陵郁和尚的門下待過，便順口問道：「你還記得你從前的師父曾教過你什麼嗎？」

「當然記得，師父在大悟時曾寫過一首偈，內容是這樣的：我有明珠一顆，久被塵埃關鎖；一朝塵盡光生，照破山河萬朵。」白雲一字不漏地背誦著，心裡不免有些得意。

然而，楊歧禪師聽了之後，不發一言，只大笑幾聲之後就離去了。

白雲當場楞了一下，不明白自己到底說錯了什麼，爲什麼師父聽了以後會大笑呢？他整天思索著楊歧禪師詭異的笑容，越想越覺得莫名其妙，就連晚上睡覺的時候也翻來覆去，輾轉難眠。

這個問題就這麼苦苦地糾纏了他一整夜，他想破了頭也依舊想不出答案來，越想越痛苦，好不容易終於挨到天亮了，於是迫不及待地跑去請教師父，詢問他昨天大笑的原因。

沒想到，楊歧禪師聽了白雲的疑惑之後，笑得更開心了，只見他指著白雲因爲失眠而熬出來的兩個黑眼圈說：「原來你連一個小丑都不如，小丑不怕人笑，你卻怕人笑！」

白雲聽了，豁然開朗，從此誠心誠意地跟隨著楊歧禪師，悟得許多高深的佛理，成了一代名僧。

美國名牧師弗列特．羅伯林說：「信念可以使人變強，懷疑會麻痺人的活力，所以，一個人對自己的信念就是超強的力量。」

如果你相信自己，能量就會相對地增強，就能輕鬆地面對眼前事物。

別人的一句話，嘴角的一絲牽動，也許都代表著某種意義。

不過，你是你，不是別人，過度揣測他人的心意等於折磨了自己。

每件事都有不同的觀察角度，每個人都有不同的觀點，別人是褒是貶，是哭是笑，都只不過是一種參考而已，你的重心仍然是你自己，你所做的每件事最終也還是爲了自己。

那麼，別人怎麼看你，又有什麼重要的呢？

最重要的是，你怎麼看待自己。

急流勇退才不會無路可退

人往往看不清大局形勢，更高估了自己的能力，不能居安思危，在最恰當的時機急流勇退，等到時機已過，反落入困境中。

莎士比亞曾經這麼寫道：「自從欺詐滲透了人性以後，嚴格講起來，人只剩下外表。」

人性最大弱點就是習慣相信那些慈眉善目、熱心幫助自己的「好人」！正因爲如此，才會讓那些衣冠楚楚的「好人」有機會大玩「仙人跳」的伎倆。

現實往往沒有想像中美好，外貌也經常和內在不相符合，千萬要提醒自己多留一些心眼，才不會老是栽在那些「金光黨」的手中。

許多人往往被事物的表象所迷惑，看不清形勢而高估自己的能力，不知道在最恰當的時機「急流勇退」，以致於最後落得「無路可退」。

「當退則退」是處世的明智之舉，像越王勾踐爲雪國恥而臥薪嘗膽，范蠡身爲大夫，也竭盡所能爲國家出謀劃策，最後用美人計讓吳王失去戒心，也給了勾踐一個重新站起來的機會。

相對的，聰明的范蠡非常懂得爲官之道，知道「當退則退」的時機。

然而，有很多人卻看不到這一點，多數人習慣趁勢求高官、享厚祿，居功自傲，最終卻招來殺身之禍，一如韓信。

韓信是劉邦麾下的名將，爲劉邦打下了江山之後，因爲感到自己地位和重要性扶搖直上，居然進一步挾兵自恃，要求封「假王」。

然而，劉邦卻說：「大丈夫要封就封眞王！」

迫於時局，他果然爲韓信封了王，江山底定後卻使計騙韓信，隨後殺之，而這正因韓信沒有認清形勢，該退不退，爲自己招來無端的殺身之禍。

俄國諷刺作家契訶夫在小說中曾經這麼寫道：「人性並不完美，如果你的眼中看見的都是正人君子，那麼，就註定你要因為自己不長眼睛而遭殃。」

這個世界是善良的人和卑鄙的人共存的，以任何先入爲主的觀念去看待一個人，只會使自己蒙受損害。

人往往看不清大局形勢，更高估了自己的能力，不能居安思危，在最恰當的時機急流勇退，等到時機已過，反落入困境中。

所以，我們應當學習范蠡的智慧與遠見，避免步入韓信驕矜自滿的錯誤。當退則退，不要急功好利，更不要自恃自滿，因爲太過自負，會讓你失去了危機感，爲自己埋下更大的危機。

06

提升應變能力，才能逢凶化吉

現實生活裡，任何事都可能發生，許多人習慣以硬碰硬，或以強制的手法來解決事情，其實，這種方法只會讓事情變得更加棘手而已。

提升應變能力，才能逢凶化吉

現實生活裡，任何事都可能發生，許多人習慣以硬碰硬，或以強制的手法來解決事情，其實，這種方法只會讓事情變得更加棘手而已。

任何事情都有正反兩面，就像一把刀，如果你抓的是刀刃，最好的事情也會傷害你；如果你抓的是刀柄，那麼最有害的事情也會保護你。

在這個小人橫行的年代，純真善良的人遇到凶險能不能保護自己，讓自己全身而退，關鍵就在於應變能力的強弱。

想要避免突來的災禍，必須多多訓練自己的危機應變能力，學習基本防身術或是研究人性心理，都將有助於提高機警、應變的能力。

一天深夜，有個打算犯罪的男子，在地鐵站盯上了一位婦女。

出了車站之後，這名男子一路跟蹤婦人，一直跟到了一個很偏僻的地方。此時夜深人靜，男子見四下無人，便準備伺機對婦女行搶、施暴。

只見他加緊了腳步，一下子就趕上了這位婦女，沒想到就在這個時候，婦人突然轉過身來，以十分誠懇的語氣說：「啊，先生，很高興能碰上你，現在夜深人靜，路又黑暗，我一個人要趕路實在很不安全，你可不可以陪我一段路啊！」

婦人拜託這名男子，並且以非常信任的口氣對他提出請求，這個舉動竟讓男子一時間不知所措，只好茫然地點頭答應了。

一路上，婦人將他當做是熟識的朋友一般聊天，一點也沒有把他當成歹徒加以防備，使得原本想犯案的男子，不知不覺地將她送到家門口，並且始終沒有採取任何行動。

事後，這個男子回憶說，他本來是想對她行搶、施暴的，但是因爲她的這個舉動，不僅令他打消了犯罪念頭，更使他恢復了正常的人性，從此他再也沒有動過犯罪的念頭，反而多了份行俠仗義的企圖心！

其實，根據犯罪心理學家的研究，一般罪犯者在心理上比較自卑，往往缺乏信心，對自我價值抱持著否定的態度。

這位婦女是以肯定人性的心理戰術，並且機警地運用「以柔克剛」的態度，不僅順利地感化了對方，也爲自己化解了一次危機。

現實生活裡，任何事都可能發生，許多人習慣以硬碰硬，或以強制的手法來解決事情，其實，這種方法只會讓事情變得更加棘手而已。

試著放軟身段吧！不要以卵擊石，而要以柔克剛，如此才能逢凶化吉。

不要被你最信任的人操縱

對於人的信任不要全心投入，再親近的人也要有些保留，畢竟真正肯犧牲自己成全別人的人從來屈指可數。

所謂的絆腳石，往往是我們無法看見的阻礙。

石頭越大，我們越能清楚看見並繞道避開，反而是那些隱藏在草叢中的小石頭，因為視線上的輕忽與雜草的遮掩，以致於我們經常在誤踩而跌倒後，才發現它偽裝下的真實面貌，竟是個可怕的危機。

人心叵測，我們不僅要知道怎樣為自己爭取權利，更要知道如何保護自己。

雖然，對於我們所信任的人不必完全疏遠，對於身邊的人事物也無須刻意隔離，然而凡事都小心提防，確實是在這個僞善者大量出沒的社會中必備的認知。

艾咪一直都不明白：「爲什麼同事們會嫉妒我？」

這個問題確實令人費解，因爲她完全沒想到，因爲有個「好上司」，反倒成爲她人際溝通上的阻礙。

艾咪的上司理查斯是個極好的主管，不僅待人和善，而且對艾咪這個助手更是體貼入微。對於艾咪提出的意見，他不僅完全尊重而且樂於溝通，對艾咪的疼愛更是令其他員工嫉妒萬分。

像艾咪生日的時候，他從來都不會忘記送她一份小禮物，其他重要節日來臨時，他也不會忘記準備一份精美禮物給艾咪。

深受感動的艾咪心想：「我一定要更加努力。我想，只要我有好的表現，理查斯先生必定會幫助我爭取晉升的機會。」

不久，有個部門出現遴選經理的機會，艾咪的努力果然受到肯定，高層也曾召見她，並聆聽她的工作意願。

然而，充滿信心的艾咪最終卻希望落空。這不僅令她百思不解，那些認爲她有著雄厚靠山的同事們也全部跌破眼鏡。

面對這個失敗，艾咪並未被擊倒，反而更加振作精神對自己說：「沒關係，繼續努力吧！艾咪！」

在此期間，理查斯先生也開始爲自己的升遷而忙碌著，因爲他盯上了副董事長的位子。對於艾咪的失望，他親切地安慰她：「我們一起努力吧！」

然而，無論艾咪怎麼努力，也不管理查斯先生怎麼大力相挺，始終都無法得到升遷的機會。在一次又一次的面談機會後，艾咪也一次又一次地承受失望的結果，最後更讓艾咪決定放棄了。

然而，就在她決定放棄後的某一天，她偶然發現一個眞相。

原來，一直阻礙她坐上經理位子的人不是別人，正是她亦師亦友的好上司理查斯先生，正是這個受人尊敬的主管一直在暗中阻礙她的未來。

艾咪發現，每當其他部門主管向理查斯徵詢意見時，理查斯總是在一番讚揚後又暗示他們：「不過，艾咪還是有一些缺點，這個位置她恐怕還不適任。」

艾咪後來還發現，原來自私的理查斯是爲了自己的晉升機會，而不願放手讓艾咪另謀發展。因爲他自知，沒了艾咪的協助，他根本無法坐上副董的位子，於是能力更勝於他的艾咪，便在他暗中扯後腿之下，一直受困在小小的助理位上。

莎士比亞在《哈姆雷特》裡說：「人往往用至誠的外表和虔誠的行動，掩飾一顆魔鬼般的內心。」

在這個人心叵測的時代，人基於各種目的，難免會說一些假話和謊話，因此，應對進退之時要多一點慧眼，尤其在競爭激烈的職場，更要懂得分辨周遭的人所說的是眞心話，還是騙人的謊話。

仔細思考，我們不難發現，意外幾乎都是在人們最無防備的情況下發生。一如艾咪的情況，對於我們絕對相信的人事物，大多數人不僅不會有任何防備，還會有強烈的依賴，因爲「相信他」，所以我們從不心存懷疑。

問題是，生活中許多情況都令人難以預料，特別是難測的人心。於是，許多人都會像艾咪一樣，傷心地面對背叛與別有企圖的狡猾人心。

那麼我們該怎麼辦？

其實很簡單，只要我們謹記「防人之心不可無」的道理，多一點防備，便能少一點受騙。對於人的信任不要全心投入，再親近的人也要有些保留，畢竟真正肯犧牲自己成全別人的人從來屈指可數。

助人，也要審時度勢

社會上還有許多需要我們伸出援手的人，只要衡量自己的能力，每個人都可以適度給予別人幫助。

雖然說助人爲快樂之本，但伸出援手之前也要在心中有個底，別一頭熱地投入救援，而忘了自己有多少能耐，否則人還沒救成，自己就先出狀況，讓善良變成自己的致命傷。

這個社會當然需要一群爲善之人，才能和樂安穩，只是要記住一點，爲善之前一定要謹慎。

齊王生了一場重病，召集了全國最優秀的大夫都無法醫治，就在大家都束手無策時，有大臣建議太子前往鄰國尋找醫術精湛的大大。許多大夫在了解齊王的病症後，都表示已無法醫治而不願前往，就在大家都快放棄時，有人在宋國找到一位名叫文摯的大夫，有著妙手回春的稱號。經過眾人再三請求，文摯終於願意前往齊國。

文摯到了齊國，幫齊王診斷過後，告訴太子：「雖然我可以幫大王治病，但是，大王好了之後一定會把我殺掉。」

太子一臉疑惑：「獎賞你都來不及了，怎麼會殺了你呢？」

文摯嘆了一口氣回答道：「大王的病，必須要激怒他才能治好，可是一旦激怒了大王，那麼我的下場恐怕不大樂觀。」

太子一聽馬上向文摯叩頭請求：「先生務必要救父親啊！假若先生治好父王的病，父王卻要殺你，我和母親會不惜以死力爭。相信父王一定能體會我們的苦心赦免你的，所以請先生不用擔心。」

文摯見太子行如此大禮，又再三地保證，終於答應了。

文摯先和太子約好治病的日期，但是連著三次都失約，齊王因此大怒，到了第四次，文摯終於來了，不過卻遲到很久。當時齊王已經很不滿了，文摯卻沒有向他請安道歉，反而連鞋子也沒脫，就跳上床，一把踩住齊王的衣服，粗魯地詢問齊王的病情，齊王氣得一句話也不肯說。

文摯又找機會說些話，再度激怒齊王，齊王忍無可忍，跳起來大聲責罵，沒想到罵完後病也好了。

事後，齊王非常生氣，無論太子和王后如何乞求，都不肯原諒文摯，後來文摯仍被齊王給處死了。

連太子跟王后的鐵票保證，還是挽不回文摯的性命，讓一條助人的生命無辜地消逝，更留下兩人的愧疚。

熱心助人的結果卻徒留遺憾，這眞的是助人的眞義嗎？

引起廣泛討論的玻璃娃娃事件，也是一個讓人難過的實例。幫助玻璃娃娃的同學出於善心助人，可是卻意外導致受助者死亡，這中間沒有誰對誰錯，留下的只有遺憾。

要幫助別人之前，先斟酌自己的能耐，社會上還有許多需要我們伸出援手的人，不要因爲一時的打擊而失去助人的熱心，只要衡量自己的能力，每個人都可以適度給予別人幫助。

態度體貼，對方就無法拒絕

人的慾望各不相同，唯有體貼對方的需求，才能博得他人好感，進而使對方接受自己的意見。

合作任何一件事時，想讓對方配合自己，除了必須使對方心甘情願之外，還要設法迎合對方的期望，這樣才有辦法達成自己想要的目標。

人與人的相處，不能只考慮自身的利益和立場，即使自己站在有理的一方，也要費點心思爲對方著想。將重點放在能爲對方帶來什麼好處，才能使事情有客觀的發展，也較易讓人有合作的意願。同時要使對方了解，決定權在對方身上，沒有任何人可以左右他。

有一次，英國首相邱吉爾和夫人克萊門蒂娜一同出席某位重要人士舉辦的晚宴。席間，一位外國外交官看見一只小銀盤，心裡很喜歡，就偷偷將銀盤塞入懷裡，這個小小的舉動剛好被女主人發現了。

爲了顧及對方的面子，細心的女主人並沒有當面揭穿，但是她很著急，因爲那只小銀盤是一套深具紀念價值古董中的一部分，對她來說非常重要。

不知道該怎麼辦的時候，女主人靈機一動，求助邱吉爾夫人，看看是否有比較好的方法把銀盤拿回來。

邱吉爾夫人略加思索後，便向丈夫耳語一番。

只見邱吉爾微笑著點點頭，隨即用餐巾作掩護，也「竊取」了一只同樣的小銀盤，然後走近那位外交官。

邱吉爾故作神秘地掏出口袋裡的小銀盤對外交官說：「我也拿了一只同樣的小銀盤，不過我們的衣服已經被弄髒了，所以應該把它放回去。」

外交官有點慚愧，但是仍然對此語表示完全贊同。於是兩人就將盤子放回桌上，小銀盤就在平和、不動聲色的情況下物歸原主了。

美國總統羅斯福有一次寫信給衛爾·塔夫，信中充滿希望由他出任最高檢察長的意思，但是在這封信的結尾，羅斯福這樣寫著：「衛爾，這件事最後該怎麼做，決定權還是取決於你自己。就像當初沒有人替我決定，究竟該隨軍出征，還是留在首都做海軍次長？是做副總統，還是仍舊做州長？因爲自己最懂得自己，外人的意見只是個參考。自己做出的決定，才是最正確且有把握的。」

塔夫收到這封信後，立刻就答應接任了。

「以退爲進」是羅斯福與邱吉爾待人的方式。他們並沒有強硬表達自己的意願，而是從對方的立場來爲他們設想。

邱吉爾以「共犯」的身分讓外交官明白偷竊是不好的行爲，這樣不但能保住外交官的面子，也可以漂亮地私下解決這件事。

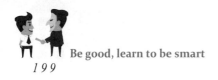

羅斯福則非常了解人性，明白有時候強硬的命令反而容易讓人反抗，於是巧妙地換個方式，讓決定權回歸到衛爾・塔夫的身上。

此舉讓衛爾・塔夫有受人尊崇和敬重的感覺，即使原本沒有出任意願，也會信服這位有智慧的領導者。

人的慾望各不相同，每個人所重視的都不一樣。因此，與人交往要特別注意每個人的需求，唯有體貼對方的需求，才能博得他人的好感，進而使對方接受自己提出的意見。

凡事先把話說在前面

朋友之間合作事業最好能避就避，如果非得合作，那麼在工作上，你們便要分得比一般同事更加清楚。如此才能免除許多不必要的依賴與糾結。

朋友之間合作，經常因爲面子問題或感情因素，以致於許多利益上的問題老說不清楚。大家又礙於情面，即使利益分配不公，也不好討價還價，如此一來，不滿的情緒便開始累積了。

因此，想和朋友合作愉快，凡事都要把話說在前頭，而不是等情緒累積到滿溢時才宣洩出來，這不僅只會兩敗俱傷，更徒讓人們看笑話而已。

兩年前，雷諾和幾個老同學合資開了一間公司。一開始大家十分配合，而且個個都幹勁十足、熱情洋溢。

但是，熬過了最忙碌的苦日子之後，大家便開始計較利益回收的問題了，雖然大家的股份都一樣，形式上也有法人在管理，但是一提到公司日後該由誰「領導」，似乎誰也不願讓誰。

說好都是朋友，也說好大家要互相幫忙，更說好要有福共享有難同當，但是一把問題擺上桌討論，每個人都認爲自己的意見才是最正確的，也認爲自己才能帶給大家最好的收益。

有人就說：「要我出多少錢都可以，只要你們都聽我的！」

沒想到，大家各自爲政，對於這個問題他們始終僵持不下。

最後，他們不得不將公司解散了，當初的理想與計劃也只得回到原計劃者的手中，各自奮鬥。很奇怪的是，各自爲政後他們反而更能相互溝通與幫忙，朋友之間的情誼似乎也更加緊密了，效率更是出奇的高！

雷諾對他這群朋友的評論是：「朋友分爲很多種，有的可以一塊享樂，有的可以共事，當然也不乏生死之交的友情。不過，無論是哪一種情況，許多人都很容易忽略了一點，那便是千萬別把朋友和工作繫在一塊。因爲好朋友不一定能成爲好同事，而同事更不容易成爲你的知心好友！」

聽見雷諾這麼評論，相信有許多人都要忍不住地用力點頭吧！

儘管朋友是生命的一部份，但是朋友最講究的卻是志同道合，和絕不受利益干擾。但是，前者原本就不容易了，更何況是後者？畢竟人與人之間，一旦涉及利益糾葛，好朋友也要成爲仇人。

其實，同事與朋友之間最大的不同處，便在於同事關係只有一個目標，就是要爲公司帶來最大利益，彼此之間的依存關係其實正關乎公司的興衰。也因此在這個由陌生到熟悉的過程中，同事之間的情誼再好，也始終保有一定的距離，彼此之間的關係才不會因爲升遷而出現變化。畢竟大家都知道，這是個以實力來分等級的環境，在每個人心中都有一定的遊戲規則。

然而從朋友發展到同事卻不同了。也許剛起步時，大家還無暇計較利益得失，一旦成功了，付出的多少便會一一浮上檯面。原本是平等的交誼，忽然變化成爲從屬關係時，即使是知交好友也難免產生芥蒂。

所以我們常說，從同事發展爲朋友容易，但想從朋友變成同事恐怕會發生許多困擾，因爲彼此心中始終有一個疙瘩：「因爲我太了解他！」

所以，朋友之間合作事業最好能避就避，如果非得合作，那麼在工作上，你們便要分得比一般同事更加清楚。如此，才能免除許多不必要的依賴與糾結，或是因爲立場不同而導致好友反目。

好惡決定了事情的角度

當別人批評我們時，不必急著辯解，因為別人有別人的好惡，何不用一顆平常心，來看待外界的褒貶與毀譽呢？

同一個人，同一件事，由於觀看的人不同，主客觀的環境不同，因此也往往產生了不同的評價。

缺乏自知之明的人，總是迷惑於眼前的成就，總是稍有成就便自鳴得意，忘記世事是變動不羈的，有時甚至陷入險境而不自知。

彌子瑕年輕貌美的時候，是衛靈公最寵愛的美少男。依當時的法律，私自乘用君主的車子，是要處以刖刑，會被砍斷雙腿的。有一次，彌子瑕的母親生了重病，彌子瑕在深夜裡得知這個消息，心急如焚，便假託君主的命令，私自乘坐車子出宮回家。

衛靈公知道了這件事，不但沒有生氣，反而大大地讚許他：「眞是個孝順的人啊！爲了探望病重的母親，竟然不顧自己觸犯了刖罪，値得表揚。」

又一次，彌子瑕陪伴衛靈公到花園裡遊玩，良辰美景當前，彌子瑕吃了花園裡的桃子，覺得非常甜美，就把剩下的部分送給了君主吃。

衛靈公非常高興地說：「你眞是貼心！遇到好吃的東西捨不得吃，犧牲自己的口福，留給我吃。」

後來，彌子瑕年華老去，容貌也逐漸衰退了，衛靈公不再把他捧在手心，一不小心做錯了事，衛靈公就很氣憤地說：「彌子瑕這個人實在太過分了，假冒我的命令乘用我的車子，又把吃剩的桃子給我吃，一點也不把我放在眼裡。」

於是，就把彌子瑕趕出皇宮了。

爲了達成目的，人難免會設法表現自己，盡力討別人的歡心，這只不過是一種手段，並無可厚非。不過，隨著地位與成就日益提昇，人際紛擾也會跟著衍生，這時就必須小心提防別人的觀感和好惡出現變化。

其實，彌子瑕從頭到尾言行舉止始終如一，改變的人並不是彌子瑕，而是衛靈公自己的觀感。

主觀的好惡，決定了一個人看事情的角度，就算事情已經做得盡善盡美，也還是有人會從雞蛋裡挑骨頭，不能十全十美。

面對別人的肯定時，心裡固然欣喜，但也該想到不同人的不同看法。反之，當別人批評我們時，也不必急著辯解，因爲別人有別人的好惡，不是有理就能說得清的，何不用一顆平常心，來看待外界的褒貶與毀譽呢？

感謝對你使壞的敵人

「恨意」帶來的動力，往往比「鼓勵」的力量還驚人。感謝你的敵人，因為他會讓你不斷成長。

一將功成萬骨枯！在血跡斑斑的歷史上，名留青史的功臣和戰場上的英雄，得來的功績和榮耀，都是犧牲許多生命換來的。而在現實的人生戰場上，促使許多人踏上成功之路的背後推手，往往是敵人或者是曾經最痛恨的一個人。

每個人都有好與壞的一面，世間沒有絕對的黑或白，就算是羅漢的前身也可能是惡霸，這正是世事的矛盾與玄妙之處。我們不能因爲一個人某部分的壞，而忽略了他好的那一面，否定他的成就；也不能只因爲一個人某個地方的好，對於不好的行爲就視而不見，多元的世界上沒有絕對的二分法。

前蘇聯領導人赫魯雪夫在一九六二年時，曾邀請了大批藝術家到列寧山上的賓館聚會，其中不乏知名的作家、畫家、雕塑家……等等。當赫魯雪夫大談藝術時，突然愈講愈大聲，情緒激動地拍著桌子破口大罵。

原來，赫魯雪夫最討厭的就是非現實主義的藝術，但現場又剛好有一位現代派的雕塑家，馬上成爲挨轟的對象。這位倒楣的雕塑家涅伊茲韋斯內在衆人面前，被赫魯雪夫大大羞辱了一番。

「你的藝術像什麼？」赫魯雪夫極盡所能地貶低說：「對！就像你鑽進了廁所的便桶，從那裡向上張望，恰好看見一個上廁所的人軀體的某一部分。這就是你的立場，你的藝術！」

涅伊茲韋斯內難堪到說不出話來，現場也一片尷尬。

赫魯雪夫說完這番話之後，又得意洋洋地對涅伊茲韋斯內的作品做了一些批評，最後這場宴會不歡而散。

一九七一年年赫魯雪夫過逝，他的兒子謝爾蓋前往涅伊茲韋斯內家中，神情看起來有些拘謹和猶豫。涅伊茲韋斯內見到他的樣子，馬上說：「我知道你爲什麼要到這兒來，我想先聽聽你的說法。」

「您已經猜到了，我是想請您爲我父親雕刻墓碑。」謝爾蓋說。

雕塑家遲疑了一陣子才回答說：「好吧，我同意。但我要按照我認爲合適的方法去做。」謝爾蓋接受了這個條件。

雕塑家接著說：「我個人認爲，藝術家不會比政治家壞，這就是我接受這項工作的原因。你自己有什麼看法嗎？爲什麼你認爲我會接受這項工作？」

謝爾蓋回答：「這是我父親的遺願。」

在赫魯雪夫逝世一週年的那天，墓碑的揭幕式在新聖母公墓舉行了。在這片公墓中，赫魯雪夫的墓碑獨樹一幟，十分醒目，半塊黑色大理石和半塊白色大理石鑲成一個對比鮮明的框架，正中是墓主人的頭像。

涅伊茲韋斯內雕刻了墓碑以後說：「死者曾當衆侮辱我，使我在幾年之內心情鬱悶，但我還是決定爲他立碑，因爲他值得我這麼做。」

黑白相間的墓碑，一位功過分明的人物，無論是恨他還是愛他，蘇聯人民無法將赫魯雪夫遺忘，也不能全盤否定他的所作所爲。

對於涅伊茲韋斯內而言，赫魯雪夫帶給他的是羞辱，但是他的遺願不啻是對涅伊茲韋斯內的一種肯定。雖然涅伊茲韋斯內對赫魯雪夫的行爲不一定原諒，但是他並不會因爲個人的偏見，而否定了赫魯雪夫對國家的貢獻。在黑白相間的墓碑中，表現了一個政治家的功與過，也表達了藝術家的人格與才華。

「恨意」帶來的動力，往往比「鼓勵」的力量還驚人。或許出發點並非正確，但是「良藥苦口」，刺激往往容易教人覺醒，只是要小心別讓「偏激」的心理毀了自己的成就。

感謝你的敵人，因爲他會讓你不斷成長，在他的身上必定有你可以學習或引以爲戒的特質。

能屈能伸才可以在劣勢中生存

時機尚未到來之時，最重要的就是要能堅強求生存。只要改變自己的態度和想法，適度的「妥協」也是一種生存方式。

危及生命的事情，不能逞一時之勇。

偉大的領袖通常也是優秀的戰士，他們精通各種攻擊戰略，可是他們比別人更清楚，很多時候也需要懂得防守。真正的勇者能屈能伸，平時雖不輕易激怒人，但必要的時候也能隨時戰鬥。

有一天，蘇聯共產黨領袖列寧與妹妹瑪麗亞從克里姆林宮乘車，去莫斯科郊外的森林學校，探望養病中的克魯普斯卡亞和學校的孩子們，同行的還有司機吉爾和警衛切班諾夫。

快到加里寧工廠時，前面突然竄出一夥土匪將列寧的車攔截下來。有幾個土匪手持著槍，逼迫車上的人下車，其中一個頭戴灰皮帽的高個子，在列寧身上搜索，摸到了證件便拿起來想看個究竟。這時，列寧神色自若地自我介紹：「我叫做列寧。」

高個子土匪舉起槍對著列寧的腦袋無理地說：「我管你叫什麼！」

這時，列寧的妹妹氣憤地衝向前去：「你知道你在做什麼嗎？他可是列寧啊！你又是誰，把你的證件拿出來看看。」

土匪嗤之以鼻地回答：「強盜是不需要證件的。」接著，土匪們跳上汽車，把車也搶走了。

整件事發生得太快太突然，以致於路過的人甚至不知道發生了什麼事。而司機吉爾和警衛切班諾夫則全程毫無動作，只是站在一邊，完全沒有開槍也沒有反抗，因爲他們深怕列寧有危險。

土匪逃走後，列寧對他倆說：「同志們，你們選擇不開槍是對的。像那種時候，用武力是解決不了問題的。我們得以倖免，是因爲沒有反抗。」

之後，列寧就搭上前來接他們的車子去森林學校，克里姆林宮警衛隊長馬利科夫知道此事後馬上趕到學校，並責怪切班諾夫是「飯桶」。

列寧聽到便對馬利科夫說：「不要責備他，在土匪佔優勢時，只有十足的白癡才會選擇錢包。」

一年後，列寧在《共產主義運動中的左派幼稚病》一文中把土匪事件做了一個巧妙的比喻。他寫道：「假定你被武裝強盜攔住了。將身上的錢、證件、和保命的手槍都交給他們，才能安全脫險出來。這就是一種妥協，如同我們和德國帝國主義強盜的妥協。」

一件偶然碰上的事情，可以被列寧用來作具有重要政治意義的具體比喻。使得人民壓下對德國的排斥感，了解在必要時，必須以「生存」爲優先選擇。他在這場搶劫中得到的其實比失去的更多，不單是生命安全無虞，更成就了他能屈能伸的政治理念。

在商場、職場、人生的戰場上，難免會碰到一些蠻橫無理的人，他們可能擁有一定的權勢，影響著你的身家安全，在這樣的壓迫下只能過著暗無天日的悲慘生活。這時候也別氣餒，時機尚未到來之前，最重要的就是要求自己堅強求生存。或許這一段時期，你會一直處於吃虧的狀態，但只要改變自己的態度和想法，適度的「妥協」也是一種生存方式。

只要你已經有了心理準備，就不用太計較眼前的得失。

況且「妥協」的角色反而容易讓人對你失去戒心，你也會因此而減少一個競爭對手。這時候就是抓緊時機，成爲一匹黑馬突破重圍的時候了。

該吹牛的時候，就不要客氣

只要不是心存詭詐，適時適地講適當的話，絕對不是矯情，而是一種才情的表現；即使說大話，講謊話，都是處世不得不的手段。

心直口快，算是一句亦褒亦貶的評語。往好方面講，是沒心機，直來直往；往壞的方面想，則是個大嘴巴，適當的講，不適當的也講，容易禍從口出，更容易得罪人。

說一個人心直口快，事實上，是一種包容的講法，等於是在責備中有原諒，在不滿中有維護。

一個人若被形容爲心直口快，千萬別以爲自己眞的就是這副德性，還沾沾自喜。嚴格說來，所謂心直口快，其實就蘊含著粗心、沒腦筋、不成熟的意思。

人一旦被定位爲心直口快，絕對不是一件好事情。因爲，這樣的人勢必常常要爲自己的心直口快付出代價，而灰頭土臉，甚至殃及他人爲你擦屁股！

底下就是一個大嘴巴皇帝，差點闖禍的故事。

魏晉南北朝的時候，南朝宋文帝劉義隆繼位後，自信滿滿，很想有一番作爲，就著手策劃收復河南地區，過去被北魏奪去的幾個軍事重鎮。不久他便派大臣到彥之率領幾萬大軍，趁著北魏正和北方柔然交戰的好機會，發動攻擊。

想不到北魏並不是省油的燈，立刻回防，幾番交手，讓南朝到彥之部隊吃了個大敗戰。

南朝宋軍一路敗退，落荒而逃，倉皇敗退的結果當然是保命要緊，只見沿途丟盔棄甲，軍備輜重損失慘重。

如此大敗一場，南朝宋當然是受傷不淺，導至武庫空虛，兵器嚴重缺乏。

有一天，宋文帝邀宴，座中有不少是以前北魏歸附的將領，但是，這位大嘴巴的皇帝，卻在無意中大剌剌地問起兵庫總管顧琛說：「現在兵庫中還有多少庫存武器？」

機警的顧琛立刻回答說：「新的倉庫中，大概供十萬兵衆使用沒有問題，至於舊的倉庫中有多少，因爲很久沒有啓用，我還要詳細清理一下才知道。」

宋文帝也不是全然沒有敵情觀念，話才出口，就覺得不妥當，還好聽完顧琛的「報告」之後，才鬆了一口氣，事後並對顧琛的機警讚賞有加。

相對於心直口快的人，當然就是心思細密、口風緊的人。

這種人不見得心機深沉，而是識大體，知道什麼話可以講，什麼話不能講；什麼時候，講什麼話。

講難聽一點，是有些見人說人話，見鬼說鬼話；需要的時候，還能說大話，講謊話。就像故事中的顧琛一樣，該吹牛的時候，就不客氣地吹，你能說他不恰當嗎？

會說，絕對要比多說來得重要。相信只要不是心存詭詐，適時適地講適當的話，絕對不是矯情，而是一種才情的表現；即使說大話，講謊話，都是處世不得不的手段。只是，輕重之間，得靠自我衡量，免得習慣成自然，成了「虎爛嘴」那就糟了。

07

不知明哲保身，就會遺憾終身

選擇明哲保身才是良策。一旦參與了過多的口舌之爭，我們很快地也會成為一個搬弄是非之人，並深陷是非的囚牢中。

人情壓力能避就避

毫無理由的「招待」，背後總是隱藏著意圖，要謹慎面對這些問題，才不會讓對方利用人情關係將自己束縛住。

每個人都該擁有屬於自己的交際圈，但是許多人在享有社交活動的同時，也受到其中的困擾。

與人互動的時候，彼此間難免會留下一些人情問題。而有些人恰巧又喜歡把這中間的「人情債」掛在嘴邊，施以一點小恩，就希望能從對方那裡得到大惠，這也造成許多因爲人情壓力而身不由己的狀況。

受名聲所累的邀約，或者來自重量級人物的請託，都是難以拒絕的。想要疏遠這一切，與人交往就必須有方法。雖然拒絕這類事情，必定會增加彼此的距離，但這也是無法避免的。

對於不必要的關係，就應該讓它斷掉；不重要的來往，就要讓它淡化。

大文豪雨果投入創作一部作品時，簡直到了廢寢忘食的地步，恨不得一天可以當三天用，所有的時間都拿來寫作。

但是，由於社交圈的活動是無法避免的，迫使他常常不得不到外面去出席宴會，即使他一點也不感興趣。煩惱之餘，他想出一個讓衆人驚訝的絕妙辦法——把自己半邊的頭髮和鬍鬚統統理光。

這樣不協調的外表，讓他可以有不失禮貌的理由謝絕一切親友的約會，直到頭髮、鬍子長長爲止。當然，等到鬢髮長齊之後，這位大作家又將一部輝煌的巨著奉獻給人類了。

俄國作家托爾斯泰，因爲寫下長篇巨著《戰爭與和平》和《安娜．卡列尼娜》而聲名大噪，也因此飽受出名的困擾。

不斷被跟蹤、接受採訪、參加宴會，更有簽不完的名，使他陷入深深的苦惱之中。他也清楚地知道，一旦走入這種世俗生活，自己將會被他們捧上了天，而遺失寫作該有的心境。

爲了避開這種情況，他常常獨自一人走進社會，融入貧民區，訪問監獄、法庭、修道院等。他目擊了人民所受的苦難和當權者殘暴、專制的統治行爲，因此，他決定寫一部長篇小說《復活》，揭露和抨擊沙皇的種種罪行，爲生活在黑暗角落的弱勢族群發言。

爲了專心寫作，他將自己鎖在房間裡不想受到任何的干擾，於是交代傭人：「從今天起我『死』了，就在這房間裡。不過，別忘了給我飯吃。」

從此以後，只要有人要訪問托爾斯泰，傭人便會顯出十分悲痛的神情對他們說：「先生『死』了，『死』在誰也不知道的地方，這是先生的遺言。」

慢慢的，所有人都知道托爾斯泰神秘地「死」了，來訪者也因此絕跡。

直到一八九一年，《復活》完稿，托爾斯泰才「復活」。但爲了修改這部作品，在以後的數年裡，他又不得不「死」了幾次，直到一八九九年《復活》定稿後，托爾斯泰才真正「復活」了。

雨果用機智而另類的拒絕方式擋掉所有的約會；托爾斯泰不怕任何忌諱，讓自己暫時從人間「蒸發」。不管是哪一種方法，都不得罪人且讓人接受。

在這個現實的世界，並不是所有的情理都能按照一定模式運行。因此對於不同的「人情」，也要有不同的解決、應對辦法。

對於他人的招待，若非必要，應該適當拒絕，以避免掉進人情陷阱，日後得萬般無奈地面對對方的追討。如果拒絕不了，例如同事常常請吃飯，也得找機會好好回請一次，別讓別人有「恩」於己。

不論是生活中、商場間和工作上，遇到的任何事都會有情理存在。毫無理由的「招待」，背後總是隱藏著意圖，要謹慎面對這些問題，才不會讓對方利用人情關係將自己束縛住。

不知明哲保身，就會遺憾終身

選擇明哲保身才是良策。一旦參與了過多的口舌之爭，我們很快地也會成為一個搬弄是非之人，並深陷是非的囚牢中。

對一般人來說，退一步不是爲了更進一步。很多時候是因爲我們走得太急了，猛地驚覺自己正臨危崖邊，所以急退一步以求自保。

不想經常身陷險境，希望每一次都能及早轉彎以自保，那麼我們便要知道急功近利的危險。如果，我們想看見圓滿幸福的未來，那麼就要懂得明哲保身。

常言道：「盛名之下難以久安。」

因此，當范蠡協助越王勾踐成功復國後不久，便向越王表示退隱之意。儘管他當時已官封將軍，然而坐在高位上，范蠡手握權力不像其他朝臣那般得意，心中反而多了些壓力，甚至扛著許多擔心。

原來，范蠡早已發現越王不是個能共享安樂的君主，因爲當群臣開心地設宴歡慶時，唯獨勾踐的臉龐上不見開心神色。

冷靜旁觀後，范蠡心底也有了結論：「爲了爭回國土，越王不惜群臣生命，以死拼搏。如今心願已償，大王看來是不想將成就歸功臣子。」

范蠡將陪伴君側遭遇之事一一歸納後，對於越王勾踐的個人特質也越來越明白了，最後也有了新的決定：「大王，臣服侍您已二十餘年了，如今總算功成事遂，心願已了，懇請大王您允許老臣告老還鄉，輕輕鬆鬆地安享晚年吧！」

一聽見足智多謀的范蠡想離開自己的身邊，多疑的勾踐自然擔心多於欣喜，只聽他緩緩地問：「先生爲何不留在我身邊呢？我很願意與您分國共治，如果我不能遵守諾言，就讓我身敗名裂，妻兒戰死。」

「分國共治？」頭腦清醒的范蠡當然知道這是個餌，雖然勾踐拍胸保證，但是他更清楚勾踐心底別有所圖，對此他不奢望也不敢多想，因爲，當務之急是做個急流勇退的智者。

於是，范蠡回應他一個雙關語：「君行其法，我行其意。」

看準越王的擔心與遲疑，范蠡匆匆地帶著家人們不辭而別。扁舟上，家人大惑不解地質問他爲何這麼匆忙，范蠡隨即沒有多作解釋，因爲他清楚知道：「越早離開這個是非之地越好。」

政治上的君臣關係就像職場中的從屬關係，其中的現實面我們都很難避開。既然躲不開，我們只得勇敢面對，一如范蠡不戀棧權位。

什麼樣的主管可以緊跟腳步？什麼樣的上司值得我們掏心掏肺？范蠡在故事中給了我們一個評鑑的標準：「不能患難與共，又只想功勞獨佔的人，絕對不值得你為他犧牲。一個老是想試探你忠誠度的君主，對於你的懷疑也必定永不停歇。因此，無論朋友交誼還是主僕關係，遇上這一類人我們寧可孤單獨行，也不要為爭一時而遺憾終身。」

我們經常會遇到狡詐之人，也難免會走過是非之地，對於無窮的紛擾，聰明的人從不加入，選擇明哲保身才是良策。一旦參與了過多的口舌之爭，我們很快地也會成爲一個搬弄是非之人，並深陷是非的囚牢中。

引申至生活中的小事，你是否還記得昨天話人八卦與道人是非？

生活在這樣虛實難定的日子中，糾結在這樣虛情假意的人際關係中，有多少人感覺快樂自在，又有多少人認爲如此才能看見幸福的人生？

「越早離開這個是非之地越好」，范蠡提醒自己，當然也更要我們時時警惕：「能誠心待人，才能免除危機；能遠離是非，必定能享受自在幸福。」

逆向思考，就能找到新方向

在現代人性叢林中，別只會在筆直的道路上行走，迷了路只會停在原地等待救援。

當事情陷入膠著狀態，你能不能適時運用自己的聰明機智，讓它朝著自己希望的方向發展？

所謂的機智，就是發現不同事物之間的相似之處，以及發現相似事物之間的差異，然後靈活運用。

機智對於人際之間的應對進退有著無窮妙用，面對那些惹人厭的小人，每個善良的人都應該設法讓自己聰明一點。

有個店員因爲工資糾紛要和老闆打一場官司，於是請了一位很有名的律師幫他打這場官司。

不知道爲什麼，店員與老闆的工資糾紛，演變到後來，竟然成了債務糾紛，不過雙方在這件事情上都沒有證據，都無法證明自己的清白。

這個店員非常擔心會輸了這場官司，即將宣判之時，他向律師提出一個想法，想送一份厚禮給法官。

律師一聽，連忙制止：「千萬別送禮，這時候送禮反而證明你心中有鬼，本來還有贏的機會，一旦送了禮，那麼你肯定要輸了。」

店員了解的點點頭，表示不會送禮。

但是，他回到家後，想了想律師的話，覺得裡面大有文章可做，於是他瞞著律師，仍然送了法官一份厚禮。

沒想到，不久之後法庭開庭判決，店員贏得了這場官司。

這個店員十分自豪地對律師說：「感謝您當初給我的指點，我還是送了一份厚禮給法官，不過在禮品的名片上，我寫上了老闆的名字。」

律師聽到後，目瞪口呆地一句話也說不出來。

店員因爲送禮而打贏了官司，關鍵在於他有一顆靈活思考的腦袋。當別人只用一條直線在思考，認爲「送禮」是理虧的證明的時候，他卻能反向思考、逆向操作，尋找新的解決辦法，亦即假冒老闆的名義送禮，讓法官對老闆產生不良印象。

這估故事無疑告訴我們，在現代人性叢林中，別只會在筆直的道路上行走，迷了路只會停在原地等待救援。其實，你一點也不需等待別人的救援，因爲，只要你肯花點腦筋，再多繞幾個彎，就能到達目的地了。

何必和世俗庸人一般見識

我們只能為自己的言行負責，別把別人話中的石頭拿來壓在自己身上，何必和那些世俗庸人一般見識？

咖啡廣告裡的經典名句「喝咖啡，聊是非」說得眞是貼切，道盡現代人們愛聽八卦的情況！

日復一日的日子就像淡而無味的料理，微帶辛辣味的八卦是調味料，加一點或許比較好吃，但人畢竟無法只吃調味料過日子。

因此，適度的八卦可以增添生活情趣，過度的加油添醋就成了誇大不實，說多了自然失去可信度，終究會被當成笑話來看。

這天，有許多朋友圍在一起閒聊是非長短，被譽爲「廣播電台」的阿德當然沒錯過這個機會，整個場面吵得沸沸湯湯，好不熱鬧。

只見阿德高談闊論，逐一揭露每個人的缺失！

在場每個人莫不豎起耳朵，就怕聽到自己的名字，因爲阿德的另一個美德就是「隱善揚惡」，在他的利嘴下，人人都是好事不出門，壞事傳千里。

不過，朋友們還是愛聽阿德說的那些滑稽的八卦，像是小李常常自言自語，而且每次吃飯前都要用右手食指挖一下鼻孔才肯動筷子吃飯。除了臉色鐵青的小李外，聽到的人無不捧腹大笑，前翻後仰。

接著，阿德認眞地比手畫腳地說：「阿明這個人什麼都好，就是有兩樣不好。第一是容易生氣，生起氣來都不說話，除非你誇他長得比金城武還帥才會消氣；第二個是他有潔癖，自己有也就算了，還每天祈禱希望全天下的人都跟他一樣呢！那多可怕！阿明看到地板上有一根頭髮就要掃地拖地，還得先消毒再打蠟才肯罷手。」

阿明聽到隨即怒火中燒，劈頭就說：「我什麼時候生氣要人拍我馬屁！而且我只是要你收拾好你桌上的東西！」

「你看，你這不就生氣了嗎？隨便說兩句就生氣了，真是一點都開不起玩笑。」阿德說完，還露出一臉「你看吧，我說的都是真的」的表情。

小李見狀，連忙拉住阿明說：「你現在的舉動正中了他的下懷。他說的話，如果能信，狗屎都能吃了！聽聽就算了吧！」

莎士比亞曾說：「為了一件過失辯解，往往使過失顯得格外嚴重，正像用布縫補一個小小的窟窿眼兒，反而欲蓋彌彰一樣。」

面對別人散播的流言蜚語或是惡意攻訐也是如此，越是生氣憤怒，越顯得似乎確有其事，也越顯得愚騃。

其實，這又何必呢？只需把對方當成沒知識又沒見識的蠢人即可。

道人是非長短的長舌婦、長舌公總是不斷考驗著人們的理智，對付他們唯一的辦法便是不加理睬，對方便自討無趣地對這話題失去興致。

如果無法不理，一笑置之是最高段的涵養；倘若無法一笑置之，忍不住搶白辯駁，就變成自己「同意」了對方的話，自己把屈辱捧回家。

我們只能爲自己的言行負責，別把別人話中的石頭拿來壓在自己身上。只要自己行得正、坐得端，又何必和那些世俗庸人一般見識？

檢討自己，肯定自己，眞相就交給時間去揭露吧！

小心功高震主招來災禍

誠意真心總是敵不過現實猜忌，在競爭激烈的社會，偶爾反向操作才能保護自己，不致於因為功高震主招來災禍。

安份守己不代表要全盤托出自己的赤誠愚忠，展現自己的才能比任何人強，也不一定能得到讚許或拔擢。

因爲，所有積極力爭上游的人，都是爲了高人一等，一旦這些人好不容易登上了高峰，他們當然只想一個人獨佔峰頂。

蕭何在滅楚興漢大業中立有大功，劉邦也因此將他排在衆臣之首。

後來，韓信被誣告謀反，當時劉邦正巧出征在外，由蕭何協助呂后掌理內政，設計除掉了韓信這個心腹大患。

由於平亂有功，蕭何的官銜便從丞相提升爲相國，封地也增加了五千戶，此外，劉邦還賜了五百名士兵給他。高升之後，相國府天天都有人前來祝賀，唯獨一位名叫召平的秦朝遺老竟然登門致哀。

他對蕭何說：「你就要大禍臨頭了，如今主公餐風宿露征戰於外，您只是坐鎮京師，什麼戰功也沒有，主公卻讓你增封地、設衛隊，這是爲什麼？你以爲理由眞的那麼單純？其實是因爲韓信剛剛謀反，主公對你心存懷疑，想以此對你加以籠絡，絕非寵信你啊！」

蕭何一聽，連忙請教：「我應該怎麼辦？」

召平回答：「把封賞讓出來不要接受。此外，你還要將自己的家產拿出來資助前方軍隊，如此一來，主公必定十分高興。」

蕭何認爲他說得十分有理，便依計行事，果然立即得到劉邦肯定的回應。

又過了一年，英布謀反，劉邦再一次率兵出征，不過在前線指揮作戰時，他卻不斷地派使臣回京師，目的竟是想打聽蕭何在做些什麼事。

盡忠職守的蕭何原本想：「皇上出征在外，我身爲相國，本該盡心安撫百姓，並多籌備糧草輸往前線。」

但不久，又有貴人向蕭何說：「您恐怕會有滅族大禍啊！如今您貴爲相國，功列第一，官不可再升，功不可再加，然而，自您進駐關中十幾年來卻甚得民心。唉，如今主公經常派使臣來打聽您的情形，正是擔心相爺的聲望太過響亮啊！皇帝很擔心您會對他構成威脅。」

蕭何一聽，吃驚地問：「那我應該怎麼做才好？」

貴人建議說：「您可以四處壓價買田，故意高利放債，令民怨四起，如此才能讓多疑的主公卸下心防。」

蕭何聽從了他的意見，也這樣做了，果然劉邦再也沒有派使臣前來監視了。當劉邦班師回朝時，看見老百姓紛紛上書狀告蕭何，劉邦卻一點也不怪罪他，反而將老百姓的狀紙交給蕭何，還笑著對他說：「你自己處理吧！」

即使「功高震主」，處事也絕不能「喧賓奪主」，就像故事中的蕭何與劉邦的關係，畢竟對大多數的領導人物來說，他們好不容易坐上了龍椅，自然不肯輕易離座，面對著台下虎視眈眈的企圖者，他們更是小心翼翼地防範著。

蕭何心中只有安分盡職之意，這樣的防備與猜疑當然很冤枉。然而，誠意真心總是敵不過現實猜忌，在競爭激烈的社會，偶爾反向操作才能保護自己，雖然有違己心，但這確實是保障自己的最好方法。

人生路偶爾要靠自己製造彎道，不要一路直線前進，因爲那樣不僅不易隱藏鋒芒，還很容易被自己的小聰明誤事。

所以，別擔心小小的轉彎會耽擱了前進的時間，因爲在轉彎處，我們反而更能看清人心的險惡與可怕的陷阱。用小小的延誤換取永遠的平安，哪一個才是聰明的選擇，相信你一定知道。

正話反說容易讓人接受

不論什麼形式的説服，一定要學會溝通的方式，使對方易於接受，讓自己的觀點順利地傳達出去。

「良藥苦口利於病，忠言逆耳利於行。」這句話往往帶給人錯誤的觀念，以爲規勸別人的話必須難聽，不難聽的話便不配稱爲「忠言」。

事實上並不盡然如此，關鍵在於看你怎麼說。

日常生活中，當我們在勸說別人時，往往只強調動機的利他性和方案的好處，卻忽略了別人接受過程的複雜性和說服的方式，讓人覺得是受到逼迫而不得不接受，並非是出於主觀意願。

說服方法的不當，甚至會抵消了動機和方案的優勢。一旦別人不接受你的說服方式，想要透過溝通達到自己的初衷也就會全盤落空。

想要將自己的「忠言」說得更動聽，不妨試著「正話反說」。

唐太宗李世民有一次揚言要殺掉敢於觸犯龍顏的魏徵，長孫皇后聽聞之後十分著急，急忙前去勸告李世民。

她知道如果用逆耳的「忠言」勸說，李世民不僅不容易接受，反而會讓事情越來越糟。

因此，懂得說話藝術的長孫皇后採取順耳之言規勸李世民。

她說：「自古以來主賢臣直，只有君主賢明，當臣子的才敢立抒胸臆、有話直言，魏徵敢於立言勸諫，全賴聖上賢明……」

李世民聽了這番話龍顏大悅，立刻打消了殺魏徵的念頭。

秦朝時，有個名人叫優旃，經常以正話反說的方式勸諫秦始皇。

有一次，秦始皇要大肆擴建御苑，在裡面畜養珍禽異獸，以供自己圍獵享樂。大臣們雖然知道這是一件勞民傷財的事，但誰也不敢阻止秦始皇。

這時優旃挺身而出，對秦始皇說：「太好了，這個主意很好，多養些珍禽異獸，敵人就不敢來犯，如果敵人從東方來，可以下令麋鹿用角把他們頂回去，就不用派士兵了。」

秦始皇聽了不禁會心一笑，明白了自己的決策不妥，因此立刻改變了擴建御苑的決定。

優旃的話表面上是贊同秦始皇的主意，但實際的意思則是說如果依照皇上的意思辦，國力就會空虛，敵人就會趁機進攻。

這樣表面上贊同了秦始皇，同時也保全了自己，更重要的是它促使秦始皇醒悟，進而達到說服的目的。

直言不諱固然可貴，但仍然要視當時的情況與雙方的立場。

不論什麼形式的說服，一定要學會溝通的方式，使對方易於接受，讓自己的觀點順利地傳達出去。

交際是一門既傳統又現代的科學，也是人生的必修課程，如果僅僅靠古人的幾條垂訓和社會經驗的總結，是很難學好的。

只有以認真的態度對待交際，在實踐的過程中勤於思考，遇事具體分析，才會真正懂得溝通與交際之間的具體關聯，並且真正了解該如何審時度勢，應用最恰當的方式扭轉對方的想法，搞定棘手的事情。

先滿足對方，再提出自己的希望

先把好話說盡，在對方聽得醺醺然的同時，壞消息、不好聽的話也就沒有那麼的刺耳了。

愛面子是人的天性，但替自己爭取面子的同時，也得顧全別人的面子。做人不必時時刻刻抬頭挺胸，偶爾低頭彎腰也許更容易突破瓶頸，趾高氣揚不會受人歡迎，滿足別人的欲求才能同時達成自己的目的。

將心比心，多花一點心思，人雖然很不容易滿足，但是也許並沒有你想像的那麼難伺候！

維多利亞女王身兼英國及印度女皇二職，憑著機智的反應與優雅的談吐，深受人民的愛戴，也奠定了女王不朽的形象。

當時的愛爾蘭，在名義上隸屬於英國，維多利亞女王當然也無可避免的必須維繫英國與愛爾蘭之間和平友好的關係。

豈料，當維多利亞女王到達愛爾蘭時，愛爾蘭的外交大臣卻十分冷淡，無疑是給維多利亞女王難堪。

維多利亞女王沒有表現出一絲不滿，她明白愛爾蘭雖然屬於英國，但是他們的種族主義卻非常強烈，對於領土的歸屬問題雖然默認，卻不接受，更不想多談，他們關心的只有經濟利益上的發展，以及與英國合作所得到的好處，其餘一切對愛爾蘭人來說，根本不具有任何意義。

因此，維多利亞女王掌握了愛爾蘭人的心態，不僅沒有展示英國的霸權，反而提供一些英國貿易上的優惠政策，使愛爾蘭外交大臣興趣大增，很快就化解了僵硬的氣氛，使兩國的外交有良好的進展。

看出維多利亞女王所使用的技巧了嗎？

其實很簡單，只是「投其所好」的道理而已。維多利亞女王不驕不縱，沒有一點霸氣，她先滿足對方的願望，然後再提出自己的要求，讓對方在嚐到甜頭之後，可以敞開心扉，認真的思索兩國未來的關係。

國家大事如此，日常小事也是同樣的道理，沒有人喜歡聽到不好的消息，或是根本不感興趣的話題，在了解人性這個特點之後，你不妨也讓對方先嚐點甜頭吧！先把好話說盡，在對方聽得醺醺然的同時，再說點壞消息、不好聽的話，也就沒有那麼的刺耳了。

冰山難靠，靠自己最好

不要讓自己成為職海中的旱鴨子，老是載浮載沉地要人拯救，或是拉著老闆的船不放，船沉了的話還能活得了嗎？

想要成功，有時候不能只靠一個人的力量，尋找一個好環境，遇見一位貴人，距離成功頂峰的路程無疑近了些。

有些人進入一個新環境之後，第一件事就會想要尋求一個可靠的靠山。這當然是一個謀求成功的方法，但是，前提是得眼明手快地找個穩當一點的靠山才行。否則，萬一靠到了冰山，可就沒什麼保障了。

唐代就有過這麼一個「冰山難靠」的故事，證明在找靠山的時候，萬一靠錯了山，可比無山可靠還慘。

大家都知道唐玄宗李隆基特別寵愛楊玉環，還封她爲貴妃。楊家也因此雞犬升天，她的堂兄楊國忠不但官運亨通，因此當上了宰相，還兼領四十餘個節度使，一時間大權在握，連朝廷選任的官吏都在他家裡私下決定。

當時，陝西有一個進士，名叫張彖，一直沒有機會當官。他的朋友們見他官運多舛，都勸他去拜見楊國忠，只要能討得楊國舅歡心，立刻就能升官發財。

可是，張彖始終不去，反倒勸他的朋友說：「你們都把楊國忠看得像泰山一樣穩固，但我以爲他不過是一座冰山罷了。將來天下有了動亂，他就會垮掉，好比冰山遇到太陽化掉一樣，到那時候你們就會失掉靠山了。」

不久，安祿山起兵叛亂，攻下京城長安。楊國忠隨同唐玄宗逃往四川，在馬嵬驛被士兵殺死，楊貴妃也被賜縊死，楊家這座靠山果然塌倒了。那些原本依附楊國忠權勢的人，紛紛散離以求自保，誰也靠不了誰。

所謂「靠山山倒，靠自己最好」就是這個意思。

坦白說，一味地想要依靠別人不如靠自己努力，因爲如果靠山穩固，那也就算了，但世事難料，目前權勢在握的人，不見得能夠長久維持下去，如果沒有充實自己的實力，奠定好基礎，自己站得穩穩的，那麼等到依靠的勢力衰微或失敗，就失去所依，手足無措，更甚者就得跟著一起敗亡了。

有一句話說得很妙：「你不能把你的職業發展完全依賴於僱主，他可不會好到為你操心這些事的地步。」

這個說法倒與現在人的就業觀念頗爲相符，員工們多半會開始爲自己打算，只要符合自己的職涯規劃，不一定要在一家公司守到老死，而老闆也絕對不會要一個只會混吃等死的冗員。

以前的人重視忠誠，有些大公司還施行終身僱用制，總說：「只要你夠忠心，老闆是不會虧待你的。」

可是，隨著一家家公司因應景氣而裁員縮編，甚至結束營業，證明了大難來時，再好的老闆也只能求自保而已。

如果員工完全依附公司，當公司解散的時候，又該何去何從呢？

不要讓自己成為職海中的旱鴨子，老是載浮載沉地要人拯救，或是拉著老闆的船不放，船沉了的話還能活得了嗎？

茫茫海中等人來救，不知得等到何時？不如早一點學會游泳、鍛鍊泳技或者學著如何開船，反正自己先想辦法自救再說吧！

自私的人最喜歡佔人便宜

只有自私的人才會將佔人便宜視為一種樂趣，甚至一種信仰，不懂得為人著想，總是把別人的付出視為理所當然。

貪小便宜、貪圖利益是人之常情，如果貪小便宜就可以換得某種便宜，那爲什麼我們總是勸人不要貪小便宜呢？

那是因爲，最常發生的狀況是，貪小便宜的人非但沒有得到他所預期的好處，反而還因小失大，得不償失。

有個故事是說，某個人非常喜歡佔人便宜。一次，他到省城洽公時，在街上遇到一個過去的熟人。

熟歸熟，這個深知他習性的熟人可不把他當朋友，只想隨便和他攀談兩句、敷衍一下罷了。

豈知，這個貪小便宜的人根本不願放過任何一絲撿便宜的機會，十分熱忱地握著熟人的雙手，厚著臉皮說道：「我想，我大老遠來到這裡，應該要去您府上拜訪一下，正巧太陽曬得我口乾舌燥，我這就到您府上去借一杯茶或一杯酒來止渴吧。」

熟人一聽，知道大事不妙，連忙推託說：「我家離這兒很遠，豈敢勞煩您舟車勞頓、大駕光臨呢？」

「唉呀，您客氣了，省城就這麼一點大，再遠也只不過二、三十里路，不遠，不遠，一點兒也不遠。」

這下子，熟人更是慌張得不得了，腦筋一轉，終於又想出了一個藉口，說道：「我家地方小，怕是不方便。」

「無所謂，您知道，我這個人一向不挑，房子的大小沒關係，只要足夠我把嘴巴張開就行了。」

「可……可……可是，我家裡家徒四壁，連個杯子也沒有！」

「那有什麼問題？」貪小便宜的那個人馬上接口說：「就憑咱們二人的交情，還用什麼杯子，直接用瓶子飲不就好了？」

結果，你猜他有沒有成功地討到一杯便宜的茶酒喝呢？

縱使有，也不過是一杯水酒，值得這麼恬不知恥地煞費心機嗎？

偏偏現實生活中，這種人還不在少數，有些人總以爲自己很精明，不論何時何地都想佔人便宜，只要從別人那裡撈到一點好處就沾沾自喜。

這種人其實是在作賤自己，根本不知道週遭的人打從心裡都鄙視這種行徑，只是不屑與他們一般見識罷了。

佔便宜這種事發生在朋友之間，只不過是逼人家和你扯破臉而已。你以爲自己是誰，別人沒有義務要討好你；你又當別人是什麼，沒有哪個人會願意當吃虧的那一方。

貪小便宜的人往往不是貪心，而是自私。

眞正貪心的人不會把那點小小的好處放在眼裡，只有自私的人才會將佔人便宜視爲一種樂趣，甚至一種信仰。他們往往想，自己不過佔人一點小便宜，應該算不上什麼壞事吧！卻沒有想過，他拿了別人一尺，爲別人帶來的不便卻有可能是一丈。

貪小便宜的人之所以貪小便宜，一是不懂得爲人著想，二是他們總是把別人的付出視爲理所當然。

如果你周邊有這種人，還是離他們遠一點吧。

08

用另類的方式改變對方的態度

溝通，並不是一味強迫對方接受自己的想法，也不是一味屈躬卑膝試圖改變對方自以為是的態度，而是以恰當的方式找出彼此的折衷點。

巧用暗示，點至為止

直截了當回應，很多時候不但無法有效解決問題，反而會讓情況更加複雜，不妨巧妙地旁敲側擊，用暗示的方式和對方溝通。

法國思想家盧梭曾經寫過一句值得深思的警句：「禽獸根據本能決定取捨，而人類則通過算計來決定取捨。」

人活在世上，不管做人或做事，難免要遭遇許許多多「人性習題」。遇到可能會對自己造成傷害的事情，一定要懂得巧妙暗示。

暗示，也是人與人之間相互影響的一種方式。

暗示往往出於特殊目的，採取隱晦、含蓄的語言和行爲，巧妙地向對方發出某種訊息，由此影響對方的心理，使對方不自覺地接受自己的建議、意向，進而改變自己的行爲。

美國經濟大蕭條時期，想找到一份工作是很困難的。有位小女孩幸運地在一家高級珠寶店找到了一份銷售珠寶的工作。有一天，珠寶店裡來了一位衣衫襤褸的年輕人，滿臉悲愁，雙眼緊盯著櫃檯裡的寶石首飾。

這時，電話鈴響了，女孩趕忙前去接電話，一不小心碰翻了一個碟子，有六枚寶石戒指掉到地上。

她慌忙撿起其中五枚，但第六枚卻怎麼也找不到。此時，她看到那個年輕人正緊張地向門口走去，頓時知道那第六枚戒指在哪裡了。

那個年輕人走到門口時，女孩叫住他：「對不起，先生！」

那個年輕人轉過頭來，問道：「什麼事？」

女孩看著他抽搐的臉，一聲不吭。

那個年輕人又問了一句：「什麼事？」

女孩這才神色黯然地說：「先生，這是我的第一份工作，現在工作很難找，是不是？」

年輕人很緊張地看了女孩一眼，抽搐的臉才浮出一絲笑意，回答說：「是的，的確如此。」

終於，那位年輕人伸出手，說道：「我可以祝福妳嗎？」

女孩也立刻伸出手來，兩隻手握在一起。女孩仍以十分柔和的聲音說：「也祝你好運！」

隨即，那個年輕人轉身離去。女孩則慢慢走向櫃檯，把手中握著的第六枚戒指放回原處。

毫無疑問地，這是一起盜竊案，在通常情況下，大部分人會大呼小叫地抓竊賊或者報警。但是，這個女孩卻巧妙地運用了暗示，既不驚慌失措也不聲張，讓小偷主動歸還了竊物。

暗示是一種既溫和婉轉又能清晰明確表達想法的溝通藝術，運用迂迴的語言含蓄地表達意思的方法。這是交際中的一種緩衝方法，能使原本也許困難的人際交往變得順利，讓對方在比較舒適的氛圍中領悟到話中真正的涵義。

暗示的顯著特點是「言在此而意在彼」，能夠誘導對方去領會你的語意，尋找言外之意。從心理學的角度來看，委婉暗示的話語，不論是提出自己的看法還是勸說對方，都能顧及對方的自尊，使對方更容易接受你的說法，進而達到了溝通的目的。

生活中有很多尷尬的事情發生，如果選擇直截了當回應，很多時候不但無法有效解決問題，反而會讓情況更加複雜，甚至產生難以預料的後果。

此時，不妨巧妙地旁敲側擊，用暗示的方式和對方溝通，如此將能夠產生明顯的效果，既解決了問題又不傷和氣。

話不點破，臉就不會撕破

遇到意外情況使對方陷入尷尬處境時，有時候不一定非得要把話說破讓對方難堪，只要點到為止，就能達到理想的效果，還能為對方作足面子。

人都會犯錯，難免會做一些不適當或是錯誤的事。

在這種情況下，就必須要把握好指責他人的分寸，特別是在公開場合，既要指出對方的錯誤，也要保留對方的面子。

心理學家研究顯示，每個人都不願自己的錯誤或隱私在公眾面前「曝光」，一旦出現這種情況，就會感到難堪或惱怒。

因此，在交際中，如果不是爲了某種特殊的需要，應該儘量避免觸及對方的敏感區，更要避免使對方當衆出醜。必要之時，可以委婉地暗示對方的錯誤或隱私，造成他心理上的壓力，但不能過分，要點到爲止。

北京一家知名的飯店裡，一位外賓吃完一道茶點後，順手把精美的景泰藍筷子悄悄地插入自己的西裝內裡口袋。

這一切被服務小姐看在眼裡，她不露聲色地迎上前去，雙手拿著一只裝有一雙景泰藍食筷的綢面小匣子，和顏悅色地說：「我發現先生在用餐之時，對我國景泰藍筷子愛不釋手，非常感謝您對於這種精細工藝品的賞識。爲了表達我們的感激之情，經餐廳主管批准，我代表本店將這雙圖案最爲精美，並且經過嚴格消毒處理的景泰藍筷致贈給您，並且依照飯店的『優惠價格』記在您的帳簿上，您看好嗎？」

這位外賓當然明白這些話的弦外之音，當即表示了謝意之後，接著解釋道：「我多喝了幾杯，頭有點暈，不小心將筷子放進衣袋裡。」並藉此「台階」說：

「既然這種筷子不消毒就不好使用，我就『以舊換新』吧！哈哈……」說著取出內衣口袋裡的筷子放回餐桌上，接過服務小姐給他的小匣，不失風度地向結帳處走去。

當對方由於某種原因處於尷尬處境時，同樣地，你也可以爲對方留足面子。既能使當事者體面地「順著台階下」，又儘量不讓在場的旁人覺察，這才是最巧妙的搞定事情的方法。

一次，一位外國客人在一家五星級飯店擺席宴客，宴請十個人，卻只要了三瓶酒。飯店女服務員知道十個人十道菜，起碼得開五瓶酒，看來這位客人手頭似乎不怎麼寬裕。

於是，她不露聲色地親自爲客人斟酒。

五道菜之後，客人們酒杯裡的酒還滿著。這位外賓的臉上很光彩，感激這位服務員爲他圓了場，臨走時表示下次還會來這裡。

善於交往的人往往都會不動聲色地讓對方擺脫窘境。

如果服務員由於客人只開三瓶酒而嫌他吝嗇，不懂得悄悄爲他圓場，甚至刻意讓他出醜，這樣就會失去一位「回頭客」。

遇到意外情況使對方陷入尷尬處境時，有時候不一定非得要把話說破讓對方難堪，只要點到爲止，就能達到理想的效果，還能爲對方做足面子。

當你在爲對方提供「台階」的同時，如果能夠採取某些更加妥善的措施，及時爲對方的面子上再增添一些光彩，那無疑是最好的應對方式，會使對方加倍感激你。

用另類的方式改變對方的態度

溝通，並不是一味強迫對方接受自己的想法，也不是一味屈躬卑膝試圖改變對方自以為是的態度，而是以恰當的方式找出彼此的折衷點。

面對那些自以爲是、自恃甚高的人，有時一味表現出謙遜的態度，只會使自己一再受到羞辱。

當你忍無可忍的時候，不妨和對方進行一場「另類的溝通方式」，如此才能改變對方的態度。

羅斯福在四十二歲時就當上了總統，而且是美國歷史上最年輕的總統。

由於他是第三十二任總統富蘭克林．羅斯福的堂叔，所以人們通常尊稱他爲「老羅斯福總統」。

老羅斯福在他二十三歲時，就意氣風發地當上了紐約州議會的議員，當時有許多人都鄙夷地認爲他是個不學無術的貴公子，只不過是靠著身家背景才冒出頭。某天傍晚，他散步來到一家酒吧，正準備喝杯啤酒時，正巧看見一個名叫約翰．科斯特洛的資深議員，正和他的兩個老朋友喝酒。

當科斯特洛看見老羅斯福走進酒吧，便譏笑他說：「喂！乳臭未乾的小鬼，你沒得感冒吧？」

但是，羅斯福並不理會他的嘲弄，於是科斯特洛繼續高聲叫道：「你這個該死的貴公子！」

羅斯福聽到這句話後，便把眼鏡拿了下來，慢慢地走到科斯特格的面前，二話不說，一拳就把科斯特洛打倒在地。就在衆人訝異之際，羅斯福接著又是一拳，把科斯特洛的朋友也打倒在地。

另一個人看到這個情況後，只好馬上拔腿就逃。這時，羅斯福轉身對站起身子的科斯特洛說：「你去洗把臉吧！洗完後再和我一起喝酒。」

科斯特洛只好乖乖地照辦，羅斯福在離開前對他說了一句話：「聽好，你在有身份的人面前，也要表現得像個有身份的人！」

所謂的溝通，並不是一味強迫對方接受自己的想法，也不是一味屈膝躬卑試圖改變對方自以爲是的態度，而是以恰當的方式找出彼此的折衷點，如此才不會被人看扁了。

也許羅斯福動手打人，不免讓人覺得沒有風度，也讓人感到吃驚，但是，之後的說理，卻表現出他思考的條理和有勇有謀的智慧。因爲，他打人並不是一時年少氣盛的反撲，而是一種爲自己爭取尊重的溝通方式。

在這個欺善怕惡的社會中，往往這樣迅速果斷的行動表現，才能爲自己爭取到應有的肯定與尊重。

共同點是搞定對手的關鍵

共同點是雙方交往的關鍵，也是突破點，只要抓住它，就等於找到了拉近彼此距離、搞定對方的最好工具。

與意氣相投的人在一起，往往會有酒逢知己千杯少的感覺，總是覺得彼此有說不完的話題。

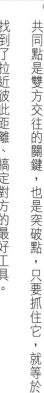

因此，當我們和陌生人往來時，不妨多尋找彼此在興趣、性格、閱歷等方面的共同之處，使雙方在越談越投機的過程當中，獲得更多關於對方的資訊，迅速拉近距離，增進感情。

相對的，遇到難題的時候，只要設法和對方意氣相投，往往會帶來意想不到的收穫。

老張最喜歡的一件外套被洗衣店的人熨了一個焦痕，決定向洗衣店要求賠償。他與洗衣店的員工做了幾次交涉，都沒有獲得滿意的結果，於是決定直接找洗衣店的老闆談。

進了辦公室，看到洗衣店老闆面無表情地坐在那兒，老張心裡覺得更不爽快了。「老闆，我剛買的衣服被你的員工——不負責任的員工熨壞了，我來是要求賠償的，這件衣服六千多元。」張先生大聲地說道。

想不到老闆看都沒看他一眼，冷淡地說：「接貨單上寫著『損壞概不負責』的協定，所以我們沒有必要賠償。」

出師不利，冷靜下來的老張開始尋找突破口。他突然看到老闆背後的牆上掛著一支網球拍，心中便有了主意。

「老闆，你喜歡打網球啊？」老張輕聲地問道。

「是的，這是我唯一，也是最喜愛的運動了。你也喜歡嗎？」老闆一聽到網球的事，立刻卸下冷面具。

「我也很喜歡打網球，只是打得不怎麼好。」老張故作高興，而且表現出虛心求教的樣子。

洗衣店的老闆一聽更高興了，就向碰到知音一樣，與老張大談網球技法與心得。談到得意時，老闆甚至站起來做了幾個動作，老張則在旁邊大加稱讚老闆的動作俐落。

等聊打網球聊了一個段落，老闆坐下來才想到，「哎喲，差點忘了，你那衣服的事……」

「唉呀，沒關係，我向你學了那麼多網球的知識，已經夠了！」老張繼續表現地很謙虛。

「這怎麼行？小楊！」隨即一個店員開門進來，老闆吩咐道：「你給這位先生開張支票吧……」

想要爭取自己的權益，一定要講究策略和技巧。如果你不願花點心思想想，老是直來直往，要是遇上死皮賴臉的人，根本無法順利達成目的。

這位老張可以說是位善於察言觀色的辦事高手。

他看出這位洗衣店老闆吃軟不吃硬，便先平息自己的怒氣，接著巧用心機，先找出能夠切入的共同點，讓洗衣店老闆能夠在別人面前一展風采，只要他一開心，什麼話都好說。

共同點是雙方交往的關鍵，也是交涉、談判的突破點，只要抓住它，就等於找到了拉近彼此距離、搞定對方的最好工具。

保持距離，才會看得更清晰

警覺心是保護自己的方法，也是人與人之間的安全距離，因為，隔著一定的距離，眼睛才更容易看清事物的面貌，讓焦點更加清晰。

印度作家普列姆昌德曾經這麼說：「人的天性既非全黑，也非全白，而是兩種顏色的奇妙混合體。」

確實，人有純眞善良的一面，也有卑鄙齷齪的一面，因此，與人交往之時，要保持一定的安全距離。

作賊的不但會喊捉賊，有時候還會教人家怎麼捉賊。

一名肉販去京城賣肉，半途中尿急，於是連忙到路邊的一間廁所解手，順道把肉掛在外面。

旁邊的一個路人見狀，忙不迭地把肉偷走，但還沒來得及走遠，肉販正好走出廁所，從後面拍了拍那名路人的肩膀，問他是否看見有人拿走了他放在廁所門前的肉。

路人心想，這下子人贓俱獲，想賴也賴不掉了！

就在這時，他急中生智，趕緊把偷來的肉銜在嘴裡，轉過頭不耐煩地說：「老兄，你這個人還眞是個老實人！你把肉掛在門外，豈能不丟？應該學學我，時時把肉銜在自己嘴裡，你就是想弄丟都難！」

單純善良的人最受人歡迎，因爲他們最容易三言兩語就被唬弄。如果你不想成爲別人算計的對象，擁有好人的純潔善良之餘，有時候更必須具備聰明人的精明深沉。

作姦犯科的人都懂得一個道理：想要洗脫罪嫌，最好的方法，就是和受害者站在同一立場。

當你們一塊兒站在同一條船上，你們的眼睛一同向外望，你怎麼可能注意到你苦苦尋覓的人其實就在你身邊？

因此，不要以爲所有的受害者都跟你有相同的遭遇，相同的情緒，相同的目的。一點點的警覺心是保護自己的方法，也是人與人之間的安全距離，因爲，隔著一定的距離，眼睛才更容易看清事物的面貌，讓焦點更加清晰。

假面君子最難防

做人處世當然不必成天疑神疑鬼，但是，對於偷盜之徒的相關心機，也不能不熟悉，尤其是防不勝防的「假面君子」。

如果說人的心理，也存在著力學作用的話，那麼偷盜之徒，或許可稱之爲「心理力學的工程師」。

這些人吃飽閒閒，專攻人們心理的運作法則與漏洞，對人們心理的慣性作用瞭若指掌，高明一點的，甚至將人玩弄於股掌之間，在不知不覺之中，解開受騙者的心靈密碼，也偷走了他所要的東西。

人的心靈視角，事實上並不寬廣，一時間所能觀照的角度更是有限。尤其，當人的注意力集中在某些地方時，對其他方面蠢蠢欲動的東西更不容易發現。

偷盜之徒最高明的地方，就是擅長轉移人們的注意力，而且將之導往愈遠的地方。當人們的心理慣性回神後，發現自己上當、受害之時，已經來不及了！

明朝時，有這麼一段趣聞。

話說某地鄉下有個老婆婆篤信佛教，她有一個唸經之時，敲敲打打用的古銅磬，這古銅磬看起來不怎麼樣，卻是老婆婆的傳家寶，更是行家眼中的稀有珍貴之物。

有一天，村子裡突然來個小販，身上背著一袋東西，信步走到老婆婆家門前叫賣。鄰居有人問：「你賣什麼東西啊？」

小販答稱：「賣銅磬，法師加持過的銅磬，特別具有靈性喔！」

說著說著，他便走進了老婆婆屋中的大廳，發現四下無人，便迅速地將放在佛桌上的古銅磬放入自己的袋子中。

臨走前，這個小販還朝向屋內吆喝說：「要買磬嗎？」

此時，內室裡傳來老太太的聲音：「不用了！我家自個有。」

小販於是踩著愉快的腳步，一面叫賣，一面揚長而去，根本沒有人察覺他是個小偷。

偷東西很容易，尤其是偷那些人們心理回防不及的東西。

生性善良淳樸的人，通常不會疑神疑鬼、成天緊張兮兮，甚至還門戶大開，陷入危境而不自知。

有心人卻最擅長利用這種特點，長驅直入，予取予求。難怪，偷盜之徒自古以來一直擁有很大的發揮空間。

做人處世當然不必成天疑神疑鬼，但是，對於偷盜之徒的相關心機，也不能不熟悉。所以說，「防小人，更要防君子」確實有其道理，尤其是防不勝防的「假面君子」。

讓對方沒有機會拒絕

蘇格拉底法則不正面攻擊，只是巧設機關，讓對方沒有機會說「不」，這是一門很高深的學問，也是一種很難得的修養。

掌握說話的藝術，是邁向成功的一大關鍵。說話的藝術，不代表你只能說好聽的話，而是要學習如何把話說得更好聽，更合乎邏輯一點。

每個人都喜歡聽好話，也喜歡聽有條不紊、言之成理的話，你當然也要這樣做，別人才會動輒拒絕你！

現代人時常落入習以爲常的窠臼中，花費精力去揭發別人的不是，一味攻擊別人的缺點，忘了眞正的智慧應該是從己身做起。

蘇格拉底是人類史上偉大的哲學家，他的「蘇格拉底法則」運用在辯論之上，戰無不勝，功效之大令人嘖嘖稱奇。

他運用了邏輯思考的觀念，如果對方同意了「甲」，就沒有理由不同意「乙」，如果同意了「乙」，那更不會拒絕「丙」，一步一步，由對方同意或比較關心的話題出發，順序推論，慢慢地把對方引入自己設定的方向，達到自己預定的結論中。

蘇格拉底利用這套法則，辯才無礙，常常在辯論場上使對手啞口無言，直到今日，這套思維模式仍被許多人廣泛地應用著。因爲人們發現，與其指出別人的錯誤，勸對方同意自己的觀點，倒不如一開始就先發制人，讓對方一步步掉進自己的機關裡要來得更有說服力。

只要讓對方說「是」，而不讓對方有機會說「不」，目的不在於否決對方的意見，而是要讓對方同意自己的見解。

事實證明，讓對方一再說「是」，絕對比說「不」要來得有效。蘇格拉底這種理性又智慧的法則，跨越兩千四百年的時空，對後世影響極大，至今仍然受到後人的推崇，堪稱是最聰明的一套邏輯辯論法。

蘇格拉底法則不正面攻擊，只是巧設機關，讓對方沒有機會說「不」，這是一門很高深的學問，也是一種很難得的修養，很少人能在面對與自己相左的意見時，能不出言駁斥，指出別人的錯誤。

但是蘇格拉底早已想到，如果只是反對別人的意見，就算爭贏了，也只代表對方的意見是錯誤的，並不表示自己就是正確的。

只有自己做對了，才能彰顯別人的不是，不需多費唇舌，別人自然會甘拜下風，對你佩服得五體投地。

何必迎合別人的行為準則

有人喜歡你，也絕對會有人看你不順眼。一個人不可能符合所有人的要求，當然也沒必要迎合別人的價值觀念和行為準則。

文學家魯迅提醒我們：「做人處世的法子，恐怕要自己斟酌，許多別人開來的良方，往往只不過是廢紙。」

確實如此，每個人都有自己奉爲圭臬的價値觀念和處世準則，不必硬要將一些不適用的標準套到自己身上。

所謂「道不同不相爲謀」，不過，人有千百種，道路卻總是那幾條，儘管彼此不相爲謀，但也難免狹道相逢。

在路上遇見你不想見的人，你應該怎麼辦？

有個笑話說：某次，觀音菩薩和習慣遊戲人間的呂洞賓在天上巧遇，觀音菩薩便告誡呂洞賓說：「當初，你三度醉倒在岳陽樓，這就是貪酒；私自渡化何仙姑，這是好色；你在鼎州賣墨，這是貪財；你用飛劍斬黃龍，這是尙氣。不過，這都是從前的事了，你現在既然成了仙，還不趕緊戒除酒色財氣！」

呂洞賓聽了，不以爲意，反倒指責觀音說：「你這個人根本就是說一套做一套，如果你不好酒，爲何旁邊擺著淨瓶？你說你不好色，那麼養這些金童玉女是爲了什麼？如果你眞的不貪財，爲何要全身金裝？既然你不尙氣，那有何必降伏大鵬呢？」

呂洞賓的話句句命中觀音大士的要害，觀音被數落得百口莫辯，一氣之下，便隨手拿起身旁的茶盞、淨瓶，狠狠地朝呂洞賓擲去。

呂洞賓見狀，微微把腰一彎，輕易地躲開了觀音的攻擊，笑著說：「就憑你這一瓶兩盞，豈能將我打倒！」

哲人波普曾說：「不要顧慮他人的責難，也不要熱衷名利；喜歡聽別人的讚美，但不要畏懼別人的怨言；迴避別人的阿諛，但是不要禍罪於人；不怕有過，但要知過必改。」

連天上的神仙也不可能十全十美，區區凡人又怎麼可能是完美的呢？有人稱讚你，也一定會有人責怪你；有人喜歡你，也絕對會有人看你不順眼。一個人不可能符合所有人的要求，當然也沒必要迎合別人的價值觀念和行爲準則。

既然知道了這個道理，那麼，有人不符合你的要求，老是故意和你作對，你又何必把這點不愉快的小事放在心上呢？

不會看人，就會把壞人當好人

不要只是埋怨那個辜負你的人，若不是你對他的了解不夠、對他的認識不足，對方又怎麼有傷害你的機會呢？

阿魯道夫．魯賓斯坦曾經這麼說：「我只知道，假如我去愛人生，那人生一定也會愛我。」

他說這句話的意思是，人生就像迴力鏢，我們怎麼對待自己的人生，人生就會怎麼回應我們。但若是將這個道理應用在人與人之間，卻不一定會得出同樣的結果。爲什麼？原因在於亂愛只會造成傷害，有些人、有些事根本不值得你付出，又何必多管閒事，自討苦吃？

有個農夫在冬天看見一條蛇倒在路邊，凍得渾身僵硬。

農夫的同情心油然而生，於是把蛇拿來放在懷裡，希望能夠給牠一點溫暖。那條蛇感受農夫的體溫，慢慢地恢復了知覺。但是，牠完全甦醒以後，卻不改從前的習性，狠狠地咬了牠的救命恩人一口。

農夫中了致命的蛇毒，從此倒地不起，他臨終之前，有感而發地嘆息著：「我憐惜惡人，理當應該受這個惡報！」

有句話是這麼說的：「對敵人仁慈就是對自己殘忍。」對那些生性善良又同情心氾濫的人，這句話形容得還眞貼切！

但最大的問題是，在現實生活中，我們往往分不清楚誰是敵人，誰才是朋友。即使眼前出現了心懷惡意的人，我們往往也會天眞地將他視爲明天的朋友，抱著「與人爲善」的精神，把信任交到對方手上。

這無疑是爲敵人製造了一個攻擊自己的缺口。

相信許多人都曾有遭受陌生人欺負，或遭遇朋友背叛的經驗，這是因爲我們總以爲在自己掏心掏肺的付出之後，對方會有所改變。

然而，江山易改，本性難移，惡人總是貪婪無情、見利忘義的。我們怎麼對待別人，別人不見得也能夠用相同的心態回報我們。別忘了，朋友對你恩將仇報，你自己也應該要負起一些責任。

若不是你對他了解不夠、對他認識不足，對方又怎麼有傷害你的機會呢？因而，我們除了要有識人之明，也應該要學著反求諸己。

不要只是埋怨那個辜負你的人，因爲每個人都有自由選擇待人處世的態度與方法，我們無法要求別人應該怎麼對待自己。

簡單地說，識人不明的是你，又怎麼能怪對方做了符合他本性的事呢？

陶然 編著

操縱人心說話術全集

THE ART OF Speaking

作家吉普林曾說：「**語言，是人類所使用的最有效的藥方。**」

遭遇的情況多麼糟糕，只要妥善運用語言的力量，就一定會出現驚人的「療效」。

操縱人心的人，必定懂得發揮語言的威力，讓自己無往不利。

不難見到，無論是政界、商場、學界，或是其他領域，最受人歡迎的，永遠都是善於運用言語力量的佼佼者。

語言藝術的人，知道如何巧妙引導別人

自己的想法，順利達成目的。

內，

得語言藝術，

能眼睜睜看著自己

人際困境，寸步難行。

站在對方的角度，
把話說得
恰到好處

後退一步，就會發現幸福

文蔚然——編著

LET IT GO, YOU WILL FIND HAPPINESS

幸福往往
從你決定**放下**的那一刻開始

其實，幸福就像一場「人生探戈」，也就是說當你的「人生舞伴」前進一步的時候，你必須適時退後一步，如此一來，你才能跟自己的「人生舞伴」共同舞出一段曼妙精采的幸福人生。

別讓善良變成你的致命傷

作　　者　公孫龍策
社　　長　陳維都
藝術總監　黃聖文
編輯總監　王郡凌
出 版 者　普天出版家族有限公司
新北市汐止區忠二街 6 巷 15 號
TEL / (02) 26435033 (代表號)
FAX / (02) 26486465
E-mail：asia.books@msa.hinet.net
http://www.popu.com.tw/
郵政劃撥 19091443 陳維都帳戶
總 經 銷　旭昇圖書有限公司
新北市中和區中山路二段 352 號 2F
TEL / (02) 22451480 (代表號)
FAX / (02) 22451479
E-mail：s1686688@ms31.hinet.net
法律顧問　西華律師事務所・黃憲男律師
電腦排版　巨新電腦排版有限公司
印製裝訂　久裕印刷事業有限公司
出 版 日　2023 年 10 月第 2 版 1 刷
I S B N◉978-986-389-884-9　條碼 9789863898849

國家圖書館出版品預行編目資料

別讓善良變成你的致命傷 /
公孫龍策著.—第 2 版.—：新北市,普天出版
2023.10 面； 公分. - (智在人生；08)
I S B N◉978-986-389-884-9 (平裝)

智在人生
07